严华银\著

理性的声音

——严华银论教育

 世界图书出版公司

图书在版编目（CIP）数据

中国教育领航 . 第二辑 / 严华银主编 . -- 北京：
世界图书出版公司 , 2021.8
ISBN 978-7-5192-8643-9

Ⅰ . ①中… Ⅱ . ①严… Ⅲ . ①教育－研究－中国
Ⅳ . ① G52

中国版本图书馆 CIP 数据核字 (2021) 第 103693 号

书　　　　名	中国教育领航 . 第二辑
（汉语拼音）	ZHONGGUO JIAOYU LINGHANG.DI-ER JI
主　　　编	严华银
总　策　划	吴　迪
责　任　编　辑	王林萍
装　帧　设　计	包　莹
出　版　发　行	世界图书出版公司长春有限公司
地　　　址	吉林省长春市春城大街 789 号
邮　　　编	130062
电　　　话	0431-86805551（发行）　　0431-86805562（编辑）
网　　　址	http : //www.wpcdb.com.cn
邮　　　箱	DBSJ@163.com
经　　　销	各地新华书店
印　　　刷	保定市铭泰印刷有限公司
开　　　本	787 mm×1092 mm　1/16
印　　　张	127.25
字　　　数	2 222 千字
印　　　数	1—5 000
版　　　次	2021 年 8 月第 1 版　　2021 年 8 月第 1 次印刷
国　际　书　号	ISBN 978-7-5192-8643-9
定　　　价	880.00 元（全 10 册）

其言不立，何以成"家"

—— 教育家型校长思想生成之道

当我们把教育家型校长的发展目标定位在"立功立德立言"的高度，且将"立言"作为其发展的至高境界时，在教育家型校长成长与培养的过程中，发展主体和培养主体都会全力关注：如何培育教育家型校长的教育思想？如何帮助校长凝练教育思想？而最无法绕过的问题则是，我们今天究竟需要怎样的教育思想？

改革开放后，中国教育经历过短暂的辉煌后，忽然在商业化、市场化的大潮中受到强烈冲击，很快，外延扩张式发展与内涵跟进不及发生矛盾冲突，直至今天，以分数为评判标准的应试升学的热情从来就高烧不止。课程改革、核心素养改革，一场又一场倡导素质教育、立德树人的改革，尽管取得了令人瞩目的成绩，为我国几十年的经济、社会事业发展提供了强有力的人才支持，但我们也不能不看到，整体上，青少年的道德素养、综合能力、创新精神的培养还有明显不足，在一流杰出科技人才队伍的打造方面，还存在很多困难。从最近几年出现的问题看，人才品质问题、高品质人才教育问题，可能是影响和制约中国未来发展的至关重要的问题。

教育的问题当然不仅仅是教育本身的问题。但作为教育人，也还是要较多地考虑从教育本身来着手解决教育问题。参与了两届国家层面的教育家型校长培养工程，走进这些校长的内心和他们所在的学校，了解他们成长和发展的历程，我们最为深切的体会就是，校长、学校、教育的根本问题，一定是教育思想、教育价值观问题。尤其是校长，假如我们仍然认可有什么样的校长，就有什么样的学校，那么我们就可以说，有什么样的教育价值观，就有什么样的校长。从这一角度看，研究近几十年来的教育，研究教育的问题，首先必须关注教育思想和价值观的问题。

最近这几十年间，我们究竟有什么样的教育思想和价值观呢？比如说，我们有"为学生一生的幸福奠基"的"奠基说"，有"坚守儿童立场"的"立场说"，还有"没有教不好的学生，只有不会教的老师""办孩子喜欢的学校""教育就是服务""让学生永远站在课堂的中央"等一系列被某些人认为富有创意、极为宏大甚至伟大的教育观点和追求。但这些从某一角度和维度看非常正确的教育思想，联系教育方针确定的培养目标、学校教育和学生发展的实际，联系近年来教育和社会出现的种种问题，就会发现其中的偏执和矛盾，就会发现其给具体实行教育的学校管理者和教育者带来的问题不可小觑。一国教育的终极目标，是不是仅仅就为着生命个体一己之幸福，还要不要对家庭、家乡和家国的关怀和奉献？过分强化一己之幸福，无限滋长个人和利己主义倾向，与现实中许多社会问题的集中出现有没有某些关联呢？教育的意义在于引领成长，片面强调学生单向的"喜欢"，片面强调"儿童立场"，那教师、学校和教育的立场还有没有、要不要呢？如果没有和不要，那孩子是不是就可以野蛮生长，或者永远停留在儿童时代呢？一味地强调学生的可塑性，否定教育的复杂性，将教师置于无可再退的墙角，将教育和学校的责任增至"无限"，意义何在呢？原本教师主导、学生主体的非常正常的课堂关系，一句浪漫主义的文学夸张，让教师们不能不愕然：课堂里，学生站在"中央"，那我"站着"还是"坐着"，又在哪里是好呢？许多年来，有这样一种观点，凡不管用什么方法、怎样的表达，只要是为学生讲话，再怎样过分地讲话，从来都是正确的，一片叫好并跟风；相反，为教师讲话，讲传统和传统教育，讲孔孟、《学记》，讲朱熹、王阳明、陶行知，讲几十年教育中的本土实践、经验，响应者、问津者似乎寥寥。我们以为，上述种种轻忽教育立场、弱化教育力量、虚化教师地位、教育理念表达"文学化"的现象，与"教育领域中某些教育者唯西方是从，漠视国情、漠视教育传统，轻视甚或蔑视本土实践和本土经验的教育研究风气"紧密相关。于是，这些人要么把教育做成了西方教育哲学的跑马场，言必称建构主义，到处必说佐藤学；要么就是信口开河，语不惊人死不休，把原本属于科学的教育，几乎化作了浪漫想象、天马行空的"文学"。

今天，中国教育"转型"发展，"高品质学校"建设任重道远，尤其需要成千上万的教育家型校长突破现实某些教育思想和教育实践的误区，努力建构自己的卓越的教育思想，"领航"千千万万学校，"领航"区域教育，"领航"中国教育，解"唯分"困局，破"应试"冰山，实现党中央、国务院提出的完善"德智体美劳全面培养体系"，健全"立德树人落实机制"的改革目标。

何为教育思想？教育思想本不神秘，并不像某些人理解的那样高深莫测。它实际所指就是办学思想，即校长对于教育的认识、理解，见解、主张、理念、观点，在具体的办学实践中的执行和落实，或者说是从学校的教育教学和管理行为中梳理总结出来的教育理念和思想。它包括教育观、课程观、教学观、教师观、学生观等。这为任何一所学校任何一个校长所具有。

但从上述分析可知，由于种种因素，不同学校、不同校长，其教育思想又有高下之别。真正卓越的教育思想，一定是共性与个性的统一，一般与特殊的统一，坚守与开放的统一。真正优秀的教育思想，一定是切近人性，尊重科学，符合规律的；真正优秀的教育思想，一定是指向道德，关乎人格，追求情怀的；真正优秀的教育思想，也一定是基于本土，博采他山之石，合于教育价值的。

据此，我们来研究教育家型校长卓越的教育思想的建构问题。

第一，崇高道德必须成为教育思想的内核。让"社会主义事业的建设者和接班人"与"立德树人"的方针、目标和价值观落地，就必须旗帜鲜明、大张旗鼓地弘扬人格与道德、情怀与境界的教育追求。以善良诚厚为本，不断锤炼个性、意志、品格，正确处理好己与人、私与公、个体与群体的关系。传承中华传统，见贤思齐，修身齐家，奉献祖国，达成个人价值和民族伟大复兴的统一。美国普林斯顿大学以"普林斯顿——为了给国家服务"为校训；清华大学以"厚德载物，自强不息"为校训；南开大学以"允公允能，日新月异"为校训；江苏省锡山高中以"做站直了的中国人"为校训，可以说，这些都是办学主体对于教育本质的精准理解和把握。将教育思想的内核由过于偏重个体、个性和个人的幸福的"小我"追求，"转型"至对于家乡、家国、民族的大爱与奉献，达成个人价值与民族复兴统一的"大爱"情怀，既是时代发展的迫切需要，也是社会主义核心价值观的体现，更是教育的根本意义和价值所在。而这一问题的解决，需要校长们站位高远，秉持理想，需要校长们全神贯注、全力以赴。

第二，建构教育思想迫切需要校长们思维理性的修炼和提升。教育思想的重要特点是富于个性，是校长在教育教学实践和办学实践中基于教育的个性化理解而逐渐成熟的办学理想和育人理想，但任何教育思想又必须契合国家主流的教育价值观。个性与共性的统一可以说是教育思想确立的基本原则。教育思想是关于教育问题的本质表达，所以需要拨开云雾，不被表象所迷惑。就育人而言，道德、人格、思维、理性、创新都应是其不可或缺的元素。不仅如此，在凝练教育思想的过程中，还得借助辩证思维、逻辑思维等，处理好传统与现代、人文与科学、传承与创新、借鉴与坚守、专家引领与自主建构的关系。

第三，教育思想的成熟，从来都伴随实践，且伴随实践反思。教育思想首先是优秀校长的，是优秀校长在办学实践中逐渐形成的。办学和教育实践是教育思想之根。从实践之根出发，长出教育之参天大树，并最终凝结为思想之果。这一浩大工程、漫长过程，伴随的是实践主体——校长的不断修剪、打理、矫正和选择，也就是说，反思、改进、践行、循环往复，追求最好，走向更好，是教育家型校长教育思想成熟的必由之路。福建三明学院附小林启福校长带领学校教师，借助专业支持，经过十余年艰苦探索，从"幸福教育"走向"福泽教育"。本期领航校长，宁夏银川金凤三小王晓川校长，在领航专家团队的启发引领下，将原本"说学"并重的教育理念，逐渐明晰为"说以成理，学而至善"，直抵教育本质，实现了教育思想的一次蜕变，正是其实践反思、理性辨正的成果。

第四，教育思想的表达，从来都需要严谨缜密，抓住要害和关键。近年来，在某些区域校长培养过程中，某些校长教育思想的凝练，表现出经院式、标签化、概念性、文学风倾向，助长了办学和教育教学的浮躁、功利和知行不一，这尤其需要教育家型校长通过理性思维，明辨真伪，去粗取精，并最终找到最为科学的表达方式。新疆生产建设兵团华山中学邱成国校长的"才丰似花，德厚如山"理念，海南陵水中学张勇校长的"仁智教育"理念都是十分经典的表达例证，值得借鉴。就教育思想在校园中的呈现而言，育人理念和思想最为根本；就育人文化的呈现而言，校训最为根本。因为学校的价值就在于育人，校长的训词则是对被育对象的严肃训诫和要求，突出呈现这些，就是突出学生主体，就是突出教育的本质。目前，一些区域学校，校园中贪多务全的思想和文化表达，常常淹没了发展主体、教育主旨和核心，其成效适得其反。

教育家型校长，又被称之为领航校长，所谓"家"，"家"在何处？所谓"领航"，究竟引"领"什么？"航"向哪里？至关重要的还是教育思想问题。尤其是在今天这样一个价值多元、教育转型的特殊时期，教育家型校长通过卓越的教育思想，发挥其领航价值，推动我国基础教育快速稳步发展，意义十分重大。

丛书编者

2021 年 5 月

专家感言

　　三年转眼过，在中国教育改革的热土地——江苏，在教育部名校长领航工程基地之一——江苏省师干训中心，一群教育专家，与一群可以被称之为教育义勇军、先行者的领航校长——教育部第二期名校长领航工程9位学员，走过了一段峥嵘、卓越的岁月。

　　他们，阵容并不壮大，少时十数人，多时数十人。问题是，当五湖四海、出类拔萃的校长精英与长三角首屈一指的教育专家一朝相逢，而且一发不可收地亲近、交融，终至于合二为一，成为志同道合的教育"行者"，其生发的聚合和裂变，其结晶的意义和价值，你怎么估量都不为过！

　　曾记2018年，北京受命，南京启航，从此，基地精致组织协调；导师沉稳领航引导；学员潜心研学，竭力修正，其教育内涵逐渐丰富、厚重，其学校文化越发凝练、科学。三年中，被"领航"者，又"领航"着各工作室的成员和学校；三年中，基地、导师、学员、学员的学员，还"组合"成"教育志愿军"，一组一组，一次一次，深入大凉山腹部，从昭觉到布拖，让教育的"精准帮扶"生根校园、惠及教师，落地课堂，直抵每个孩子的心底。

就是在这样的"层递领航"中，我们的理念、能力，我们的情怀、境界，我们的思想、经验，经千锤百炼而不断精进；而且，就在这样的行走中，我们"扩容"了"领航"内涵，拓展了教育价值，也升格了人生境界，终于，我们真的可以无愧于"教育家型校长"的称号。

我们还积累了许多教育的感想和哲思，创造了许多美好的邂逅和故事。我们更收获了深厚的友情，沉淀了悠悠的思念。

终于，到2021年，在安徽池州，在天津南开，在山东济南历城，三场高端的教育思想研讨会，水到渠成地举行，每一位校长，从个人经历中发现成长，从教育行走中感悟价值，从办学成就中梳理经验。终于，一朵名为教育思想的花儿，经历远远不止十月的孕育，含苞，又顺畅绽放，并被精彩命名，且被专家们洞幽烛微地阐述、"微言大义"地点评，由此，她、她们，名正言顺地盛开在中国教育思想的家园。

这里，我们撷取三年生活的"散点"，轻拂去岁月的"尘封"，从痕迹到线索，从即景到场面，真实描述，定格展示。其意义，除了留存和总结，还期望复苏记忆，活跃联想，让所有的亲历者偶尔或者常常回放、回望或者回味——

因为，不论是谁，一生中又能有多少这样的三年呢？

代 序

高品质教育，亟须理性思考和行动

当总书记在 2012 年前后对中国社会发展作出"转型"判断时，有一个重要命题就已摆到了中国教育人的面前，那就是，教育如何转型？而且如何率先转型？为什么要提率先？国际著名的中国问题研究专家、美籍华人学者陈志武先生认为，只有转型的教育，才能培养出社会转型需要的人才。

当华为面临美国的制裁，科技创新问题再一次以关乎民族企业生死抉择的重要性摆到国人面前，看华为老总任正非的高屋建瓴的宏论：中美贸易博弈的根本问题，是教育的问题。"举国房价这么高，还在不断上涨，年轻人怎么能安下心来搞数学、搞物理？这么大的国家还能放下几张安静的书桌？"正因此，他还说，在今天的中国，还有多少人能静下心来研究一点学问？还有多少博士的论文能有自己的观点？

在一个高端的教育培训现场，有校长问我：你能用一句话表达你对现实中国教育的评价吗？我说，太难了，我做不到。他接着追问：那你能用一句话表达你对未来中国教育的期盼和愿望吗？我不假思索，脱口而出：衷心希望教育安静！

作为一个几乎把一辈子的有效生命全都献给了教育事业的老师，这句话憋在心里太多太长的时间，说起来异常简单，每念及十分沉痛。30余年的教育经历，从教学到管理，再到研究，眼睁睁地看着自己钟爱的教育，天天在"变革"，处处在"创新"，理念越来越多，口号越来越响，但无论是做教育的，还是受教育的，却难以体验到教学的愉悦，授受的快乐，难以沐浴到理想的阳光，前途的灿烂，学校、家庭、社会、学生、老师，几乎少有例外地被绑架和折腾，神经越绷越紧，负担越来越重，本应丰富多彩、酣畅淋漓的生活越来越少，应试，升学，就业，搅得"周天寒澈"，中国家庭乃至大中国因为教育而嘈杂、郁闷、伤痛。

学校，少年生活体验的乐园，求知问学的圣地，但现实和应试的全覆盖，早已将悠然成长的校园演化为功名拼杀的疆场。每至学校，面对"苦教"的教师，"死学"的孩子，我的眼前都会幻化出一幅惊心动魄的画面，高耸在前方的是一座光环笼罩的山头，那是应试教育约定俗成的高地，山脚和山坡是一群群一班班士兵，实际是我们大小年龄不等、学段年级不同的孩子，领头的是"班长"，实际是我们的老师、班主任，在后面"跟着"实际是"督阵"的是我们的校长，厮杀拼抢，血雨腥风，可能并看不到中枪躺倒的士兵，但我们都明白，这样的争战，也许夺得的是一片小小的山头，赢得的是一时半刻的名利的"光耀"，丧失泯灭的却可能是我们的整体的素质和精神。

家庭，本该是所有家庭成员享受生活和天伦之乐的温馨港湾，恬静，关爱，美好，放松，休憩，悠闲；传统、美德、宗教情怀，大概都是在这样的温和欢爱中，传递传承，发扬光大，所以俄罗斯一位作家说，我们所有的男人都要感谢我们的祖母，是她们给我们勤劳、坚韧、勇敢和善良的美德。家庭也是社会的分子，它的结构和谐稳定，就有社会的康泰平安和圆满。但是我们的教育已经让几乎所有有孩子的家庭朝暮不眠，忧心忡忡，从幼儿园入学就开始择校，升学，家教，几乎是一场看不见硝烟、难见青天白日的持久战争。而尤其，今天，由于上学，由于作业，不知还有多少家庭能够悠然地、清逸地、安静地享受古老、传统的天伦之乐呢？

社会，转型期的中国社会很多人喜欢用狄更斯在《双城记》

中的描述："那是最美好的时代，那是最糟糕的时代；那是智慧的年头，那是愚昧的年头；那是信仰的时期，那是怀疑的时期；那是光明的季节，那是黑暗的季节；那是希望的春天，那是失望的冬天；我们全都在直奔天堂，我们全都在直奔相反的方向。简而言之，那时跟现在非常相像，某些最喧嚣的权威坚持要用形容词的最高级来形容它。说它好，是最高级的；说它不好，也是最高级的。"虽难免片面，也多极端，但至少是一个视角。仅以教育观之，偌大的中国，区域教育的差异，不同层级家庭孩子享用教育资源的差异，同一区域不同学校教育水平的差异，导致孩子成长和发展的起点、过程的巨大悬殊和分岔，这一定程度上加剧了社会的阶层分割；而权力因素出于"政绩"的考量，总以"人民满意"为口号或者托词，对学校和教育横加干涉，学校、校长和教师的尊严和人格，在分数和应试的比拼中，总是在偶然也是宿命的"滑铁卢"面前灰头土脸，找不着北或者撕裂撕毁，一地鸡毛。

学生、家长、学校和社会的巨大"合力"，假以"生存压力"的现实，将一个个花朵般的家族和民族的"未来"，悲壮地送上应试的"战车"，幼儿园里就开始严密的知识传输，小学就展开奥赛的技能训练，中学便自然是从各学科的第一节课就展示三年后的"终极绝杀"，所以几乎每一天、每一节课、每一测试都是刀光剑影。在一些学校，教室内外的大幅标语让人惊心动魄："进清华，与主席总理称兄道弟；入北大，同大家巨匠论道谈经。"；吾日三省吾身，高否？富否？帅否？否！滚去学习！""不学习，何以养活你的众多女人。""提增一分，干掉千人。"本意旨在励志鼓劲，却剑走偏锋，说的电闪雷鸣，它激发出来的是正能量，还是"负离子"，你我都应该心知肚明。口号和标语也许是教师杜撰，但张扬出来，传布久远，至少代表了一个区域一类人群，共同或者部分，公认或者默许，一种心声、一种理念、一种理想，也是一种力量。悲壮其行，悲哀其里；高亢在外，低俗在内。势利、世俗、污浊甚或龌龊，但就是能如此这般堂而皇之进入教育的圣殿，其激励出来的究竟是正能量还是负离子？这种扭曲和畸形，多少年之后究竟要以何种形式多大的"当量"，"报复"和"惩罚"我们，当下还很难估量。

老师，这是在应试的泥淖中挣扎多年已然无以发声，却还得为了学生的明天负责的一群。当下之中国，可能算得上最优秀的一群。当公务员队伍因为反腐因为简政放权大大减少了"寻租"和"坐收渔利"的空间，而公然消极怠政懒政的时候，当医卫的改革让享受"回扣"和"红包"开始沾上"风险"因而有所收敛但却心怀不满的时候，教师的良知和道德底线依然以传统的力量和惯性发挥作用，继续支撑这个民族并永不沉没的未来，但路径和方式早已偏离和歪斜，分数以赤裸的疯狂撕下尊严和人格的面皮，让原本特别注重面子的老师在利害面前放弃了最后的斯文。这是一个民族可能崩溃的开始。

不断有消息传来，某某优秀的教师辞职去了某民办学校，去了发达地区的学校。总是引起一个区域教育的骚动；尽管如此，对教师的声誉并无多少影响；因为，这些优秀者之离开，也许是为了更好的环境，也许是为了实现更大的教育理想，也许是为了很多其他的高尚的追求和目的；

问题是，当一些教师中的优秀者毅然决然放弃公职，进入社会力量办学机构，或者自己在家开办专门指导学生应试，以赢取最大化的利益。这就不能不令人忧虑。一批人丧失教育的初心，将教育简单化为"技术"的指导、分数的摄取，将"立德树人"的完整工作解构为单一的功利行为。这是部分教师人格道德的失败呢，还是教育的失败呢？

校长，假如说应试和伪教育的最重要的防线是校长的话，在今天，依然在上演一幕幕悲怆的小品。

应试之下，校长们百分之一百首先丢盔弃甲，成了应试军中"马前卒"。"没有分数，过不了今天；只有分数，便没有明天。"说尽了分数与校长、学校命运的辩证法，不过我总觉得，这是中国校长面对残酷的社会和生活的防身盔甲，也是为自己辩解和辩护的苍白声音。虽然圆通、折中却严重不合教育的基本逻辑。但假如你是一所名校的校长，当地方政府的主要领导强令你表态升入名校的学生数量、学校排位的层次名次时，你又有什么选择的权利和尊严呢？

令人吊诡的是，尽管如此，但校长们每每遭遇评估验收，督导检查，年终考核，或者现场、总结、汇报大会时，又几乎无一例外地会念成稿，说台词，将本校的素质教育和立德树人工作铺排到登峰造极的"国际领先水平"。

教育应该是这样的吗？当然不是。但是，在当下之中国，究竟有多少人知道，真正的教育究竟应该是怎样的呢？教育是不是仅仅只有"学校教育"？孩子为什么要接受教育？

是的，我们也曾有过平和、安详、泰然自若的教育时代，也曾有过把教育当成是一种正常、和谐、有严肃也有活泼的生活的光荣岁月。比如20世纪80年代和90年代前期。曾几何时，我们教育逐渐步入高铁列车、高速狂奔的时代。我们获得了一系列辉煌的数据、指标和物化的成果，但同时也产生似乎越来越多的迷惘、焦虑、苦楚和哀伤。我们越来越不知道，当下的追求越多和追赶越快，与教育的初心、本真和规律，究竟是越来越接近还是越来越疏远？我们是越来越懂教育还是越来越不懂教育？我们所做的究竟还是不是教育？

而且，有着类似迷惑和糊涂的人，似乎不是越来越少，而是越来越多。不仅教育外的，而且更多教育内的，教育内天天做着教育的。

是啊，面对如此的浮躁、慌乱、焦急、骚动、惶恐，面对几乎时时不断地轰轰烈烈，熙熙攘攘、急急忙忙，如果我们的官员、百姓、家长、校长、教师和孩子能够稳坐钓鱼台，而不动声色，那必得人工智能才能做到。

而教育的不安静又源自何方呢？

专家说，应该是教育行政的导向出了问题；

教育行政说，是因为教育资源特别是优质教育资源紧缺；

校长说，各方神仙管控和干预太多，办学主体无所适从，手足无措；

老师说，社会和教育绑架了教育；

学生说，老师太功利了，是为着自己的"功名"，让我们做了"牺牲"；

在这些"多元"论语中，也有非常激烈的"呛声"。

有人说：中国现在的教育，从幼儿园开始，传授的是完全扼杀人的创造性和想象力的极端功利主义，如果再不改变，人种都会退化。

也有人说：中国的孩子只要在中国的学校接受完了基础教育，将来不管他上怎样优秀的大学，他都不可能获得世界顶级的自然科学奖项。这是为什么？因为在我们基础教育阶段的学校，我们把我们的孩子的个性都"修理"光了。

还有人说：我们的名校都在干什么？我们培养了一批又一批高智商的精致的利己主义者。

这些究竟是感性之说，还是理性之论？是公婆哲学，还是仁智高见？

其中可能不免偏执和激愤，但说出了真实或者部分的事实，表达的是对于教育乃至民族和家国未来的隐忧。

可喜的是，从 2018 年开始，高层已经集中密切关注基础教育的改革发展问题。年初，中共中央国务院出台《关于全面深化新时代教师队伍建设改革的意见》，这是中共历史上第一个有关教师队伍建设问题的文件。2019 年 6 月 19 日，国务院办公厅发布《关于新时代推进普通高中育人方式改革的指导意见》；6 月 23 日，中共中央国务院发布《关于深化教育教学改革，全面提高义务教育质量的意见》。这一系列文件的出台，标志着党和国家层面也是我国最高层面的新一轮基础教育改革真正拉开了帷幕。

　　那么，作为实践一线的教育工作者，应和这样的改革大潮，我们当下可以做些什么呢？

　　基于教育现实，分析教育病理，研究教育及教育相关问题之发生及其原因，描画教育理想生态和未来目标，寻找突破和解决问题之道。这才是正理。

　　教育的安静需要教育的启蒙：尤其是教育价值观的归位。教育的安静源自行政的归位：让学校回到学校，行政回到行政；教育的安静需要社会渐生出对于教育、学校与教师的敬畏：让家长回归家庭，而不是小题大做，毫无道理地对之横挑鼻子竖挑眼；教育的安静尤需要教育自身的定力：循规蹈矩，守正创新，回归初心，真正为了孩子的未来，按照规律，做好一件件、一件件做好与孩子成长和发展相连相关的哪怕微不足道的工作。

　　怎样才能走到这一步呢？我想，当下之中国，转型之中国，就教育转型而言，迫切需要来一场关乎全民的教育启蒙运动。

　　本书正是从此立意，呼唤理性，激发思考，生成思想，并期冀通过思想引领行动，通过行动激发更多的行动，正如众所周知的文学描述所言"一朵云推动一片云甚至云海，一棵树摇动一片林甚至森林",进而引发和推动改变,更多更快的改变。

这一切都必须从理性思考开始。

如此,当所有的教育人都开始这样的回首、反思、反省、检点、高层设计、百姓期待的高品质教育的伟岸的大厦,终有一天,会在我们的双手中,一砖一瓦地建造出来。

2021 年早春于南京老山竹里

目录

第一篇

理解与主张

"孵化"与教育

参观京城中关村创新一条街上的"孵化器"公司，很震撼，多感慨，有启迪。

数千平方米空旷的大屋子，被隔成数百个既独立又相连的空间，或便于独坐静思，或便于交流互动，也或便于团队的专题研讨；成百上千的青年人——主要是来自国内外名校的博士，带着创造的欲望、想法和点子的"才子"，在这里发呆做梦，骋思"空想"，并终于有一天思有绪，梦成真。

公司的主人告诉我，这就是"孵化器"。我奇怪，孵化器？孵化？这跟"孵化"又有什么关系呢？

"孵化"之义，应是指动物之孕育生命。最为典型也最为常见的，当属母鸡之孵小鸡：数十个鸡蛋，在虔诚的母鸡妈妈多少天如一日"静坐"其上——主要是供给稳定热量和安全卫护——的坚持下，终于有朝一日迎来了小鸡们悄悄地争先恐后地破壳而出。幼时见到这样的场景，总感到异常神奇和神秘。

"浮"坐其上，谓之"孵"；化育而出，是为"化"。仔细探究孵化这一"催动"生命成长的过程，意义十分重大。孵化，原来是通过一定的必要的资源、环境和条件的供给，激活混沌状态的生命源，并使之发育、生长，最终正常、健康地持续发展。分析其过程，会发现其间有很多道理可说。首先，孵化之所以能够实现和成功，应该是基于被孵化源本身具有的生命的"潜质"。比如说，鸡蛋，就应该是鸡蛋，它本身内涵有"鸡"的生命元素，鸡的生命基因。也就是说，鸡蛋内鸡的因子，是天生的，与生俱来的，不是"孵化"的母鸡外加给它的。母鸡孵化之所以成功，其主要原因就在于此。假如拿来一块泥土、一块石头，任母鸡如何端坐其上，怎样耐得寂寞，不惜旷日持久，也终不可以有雏鸡破壳而出。其次，母鸡之孵化，仅仅是孵化，孵化主要是一种外在力量的支持、帮助，也就是说，母鸡用自己的身体主要是羽翼轻轻覆盖鸡蛋之上，从来都是小心翼翼，生怕稍有不慎，坐坏压扁了鸡蛋。在整个孵化过程中，母鸡从来不急不躁，不紧不慢，从不会用自己的爪子抓破蛋壳，往鸡蛋里注入什么，也不会用力将雏鸡生拉硬拽出来。再次，关键是"化"。外在之功终于内化而为雏鸡之力，蛋壳之破，鸡雏之出壳，与包括母鸡在内的任何显性的外力都没有关系，主要是鸡雏生长、强大、撑破顶开的结果。所以，数十个鸡蛋中，其小鸡出壳的时间、速度、机会全是随缘的，随心所欲的，永远也不可能做到按照规定整齐划一着出来的。

不会往鸡蛋里"注射"和"添加"鸡的因子，也不会迫不及待地击破蛋壳，只是放任鸡雏茁壮地任性地生长，随意地出来，这可能是任何具有孵化功能的母鸡都具有的"本能"和本分。

如此说来，用"孵化"以描述高校和包括中关村创新一条街的那一类专事给杰出人才之脱颖而出提供资源和保障条件的"公司"，真是再贴切恰当不过了。这样的"公司"，与彻头彻尾的追逐利益并力求利益最大化的经营公司，还是有着很大的区别的。

由此联想到我们今天的学校教育。

一个学生到学校来接受教育，我们都明白，目的是顺利地实现社会人的转化：学会生存，学会生活，最高的境界是实现个性和创新能力的成长。现在我们要探究的是，任何一个学生进入学校时，究竟是一种什么样的状态？是不是一张白纸？可能从某种知识的层面上讲，他着实是有空白，但必须承认，他首先是一个人，而且是一个已经具备了一定经历、生活、常识的人，并且从脑科学研究的实证和大量的案例来看，即便是我们所言的"个性"和"创造性"也早已成为其生命的基因的一部分。很多的研究表明，创造是一种潜能，只有等到一定的条件成熟，此种创造力便会自然而然的生长和壮大起来，实现生命应有的价值。

就此而言，一个哪怕是刚刚走进幼儿园的幼儿或者走进小学校的小学生，他也是一个完完整整的人，一个内隐了生命创造潜能的生命个体，就好像一只完美无缺的内涵有鸡的生命基因的鸡蛋。

这样，我们是不是可以说，学校教育与"孵化"没有多少不同，学校教育就是一种"孵化"呢？

假如我们认同这样的判断，那我们对学校教育，对我们现实的教育教学行为，是否可以有些新的理解和主张呢？比如"不能输在起跑线上"，比如"统一的测试，统一的要求和规定"，比如逼迫着孩子赶命地学这学那，比如有意无意地引导孩子不断地与他人攀比等。

　　果真如此，学校教育、家庭教育、孩子的成长，以及涉事的一干军民各色人等，是不是可以"安静"一些呢？我们国人的整个的幸福指数是不是会一下子提高许多呢？

自我教育，是人类的天性

你见过山脚下的小池塘吗？在绿树青山的庇佑下，一亩或方或圆也或一点儿都不成型的池塘，春来时生着春草，变着鸣禽，阳光升起的清晨，波光粼粼，清澈见底，简直可以照见或者荡涤人的心灵。但是，一群人来了，在其中任意地搅动淘洗；也或者一阵狂风暴雨、一阵沙尘暴席卷，你会忽然发现，清亮的小池塘乌烟瘴气，浑浊不堪，你也许会下一个判断：这小池塘就此完了。

你不要下结论过早。假如你有耐心，假如你明天早晨还有空再来池边，而且正赶上是一个"雨过"后的响晴的早晨，太阳依然毫不吝惜地洒下一地鲜亮的光辉，你会惊诧自己似乎看到了一片过去从未见过的池塘春草。水清澈，草如洗，鱼欢畅。

你知道这是为什么吗？奇迹究竟是如何发生的？很简单，这就是河水天生具有的一个伟大特点：自净功能，也就是自我净化的功能。小池塘和池中水并没有生命，却具有如此赋予生命力和生命意义的自我净化功能，作为万物之灵的人类又如何呢？

还是说说孩子，这生命成长和发展周期中最为懵懂的人群。

大概是西方科学家做过一个周期漫长、观察艰难、分析复杂的实验，就是在不同的国家、民族和人种中反复地做出一组又一组的对比，婴儿期的简单学习比如辨认、简单活动的模仿，在下列两种状态下是不是有不同？一类是正常生活状态下的模仿学习，隔一个固定的时段来检查学习模仿的效果；一类是选择孩子睡眠前的时段引导孩子模仿学习，待孩子醒后再来观察孩子学习的效果。结果大出人们的意料之外：经历睡眠阶段的孩子的学习效果大大优秀于未有睡眠阶段的。我从中获得的启示就是，如同人们饮食之后的消化吸收一样，学习之后的精神领域的"吸收"，也是需要经过如睡眠一般的静思的，这"静思"

也就是一个"净化"升华的过程。

曾经听过一个年轻的妈妈讲她两三岁小儿子的故事。某一天早晨正在与刚上幼儿园不久的孩子一起吃早餐。忽见孩子放下餐具，很认真地跟妈妈说："妈妈，对不起，昨天的事儿，是我错了，我不对。"妈妈吓了一跳，咋回事？这孩子怎么承认起错误，竟然会道歉？这不像一个孩子说的话啊？原来是前几天，孩子在幼儿园与另一个同学发生了摩擦，孩子动手打了人家。老师批评了他，回来后，我们也批评了他。孩子虽然哭了，但他一直不肯认错，因为那孩子先挑事，先骂人，也先动了手。我们也没有很强求，一定要他认错什么的。事情就这样算是了结了。没想到孩子在事发后一直"耿耿于怀"，居然能够作出"深刻反省"，并进而坦然向父母致歉。要说有错，那就是孩子把事情发生的时间误认为了昨天。

这个孩子可能是一个特例，但这一特例告诉我们，只要环境、条件和氛围合适，只要假以时日，给予空间，只要育人者正确引导，耐心说服，好意帮助，很多孩子应该都会开启这样的如山边池水一般的"自我净化"也即"自我教育"功能模式。

自我教育，就是人的天性。

那山脚下的小池塘，为何要经历一个晚上的"寂静"和"宁谧"才能有第二天一早时候的"澄澈"？就因为它没有了白昼时候的人为的或者自然、有意或者无意的骚扰和干预。即便是小池塘，他也需要"休眠"，需要通过"休眠"来完成自己的"涅槃"。

即便是天性，也需要他者的保护。这其中，除了包括时空在内的一般性资源的提供，我们最为需要的是——等待！

陪伴，是最好的教育

曾经官至全国政协主席的俞正声，还在上海工作时，与凤凰网友交流，说起父母对他影响最深的一件事，便是小学六年级时，他被父母从一所干部子弟学校转到家边上的平民孩子的学校。就是这件事以及与之相关的一些事，使得他成人之后，特别是为官之后，公平意识、平等观念、平民思想尤为强烈。他说：从这些，你们就可以看出，我父母亲是个什么样的人。他们留给我们什么呢，就是希望我们做正直的人，做跟老百姓一样的人，不要有特权，不要谋求特权。

美国诗人惠特曼说过，一个孩子走进学校的第一天，他遇见的那第一个人，也许就是未来的他自己。他所言的"第一个人"，指的应该是教师。其要义是说，从做人的角度而言，教师是孩子最为重要的榜样。俗语说："跟好人，学好人。"这里的"教师"实际也是一个广义的概念，不仅包括学校教师，家人父母是；有道德情怀的，"无贵无贱，无长无少"都是。所以，尊贵如孔子，也感叹："三人行，必有我师焉。"这里的"学校"，也是一个宽泛的概念，家庭、社会，生活中的任何地点，都是。

哪里仅仅是官员、伟人，平常如你我，其生命的成长过程又何尝不是如此呢？

我的祖父，1949年前，是家乡颇有名的私塾先生。60年代中期，我乍懂事，他伴着我、我陪着他做过很多很多事。印象最深的，是每年春节前，帮着村邻写对联。大概进入腊月二十前后，邻里乡亲，就会从街上买来整张整张的红纸，卷成卷儿送来我家。祖父一一收下，并分别注上家长姓名，每年都会有二三十家。等到大半的人家送到，祖父会隆重地取出砚台，在砚台中注上少许清水；拿过珍藏既久也不知用过多少年的"墨"——长长方方，像黑黑的金块，让我和他一起揉墨；砚台圆圆的，底部的中间上凸，水只能分布在底部的四周；所谓揉墨，也就是手捏着墨的上半部分，以其下端蘸水，紧贴砚台上凸的底部，慢慢

7

地来回反复摩擦；其墨底端的墨便一点点融解，渗入水中，慢慢地，水墨搅和，就形成了墨汁。揉墨是仔细活，靠的是耐心，我总是揉一会儿，停一会儿，或者出去转一会儿，祖父总是笑笑，自己接过去，慢慢地接着揉。

揉墨的同时，爷爷还要和我一起计划裁纸的事儿。这是东邻吴家的，一大门、后门，四房门，还有厢屋的大门、房门，各类门联都得有门中、门槛；那是西邻王家的，与吴家比，多了两房门，都要算得清清楚楚。那时农村邻里，几乎不分彼此，相熟如一家。数字出来了，爷爷便根据各家对联数量和大小门宽度，对照各家提供的红纸张数，掰着手指认真计算，以使大抵相当；再将各家的红纸，一一地如数折好。这时候，似乎早有默契，祖母拿来缝纫专用的"洋线"——非常细滑，有点韧性，我知道，这是要正式开裁了。爷爷拿着线的一端，我拿着另一端，将整段线对准折好的纸缝，沿着纸缝将纸对折，线便被夹进两层纸中了。爷爷让我紧捏着线端顿住不动，他则拽着他那一头的线端轻轻外拉；只听得"嗤嗤"一阵，整张的红纸便被一次次两分了。这样反反复复之后，终于将每家每户的纸裁好。

写对联倒相对是一件比较轻松的事。我用手轻按住对子纸的顶端，爷爷站着奋笔疾书，至于写什么，则似乎全都在他的肚子里藏着，随时调出，不假思索。待到我小学时候，也略懂对联之一二，多少也会参与一点儿意见。比如有孩子读书的人家，便有"为善最乐，读书便佳"；有老人的，便写"谁道人生无再少，门前流水尚能西"；纯农家庭，多写"丰年余庆"；有知识的，则来一个"岁寒三友"。我的意见也常常会被爷爷采纳，有时我信口开河，他稍做改造，居然就成了联语，让我特惊奇，特有成就感。

写好的对联，被一一摊放在四五间屋子的桌子、地板甚或床铺上。待到墨迹彻底干透，爷爷极有耐心地按家分别收拢归齐，轻轻卷起，用洋线扎好，写上名字，排放在堂屋的八仙桌上，等待邻居来取。

有时候，邻居较忙，无暇过来取对联，爷爷便让我一一送去。邻家长辈的满心欢喜，虔诚感激，写在脸上的笑意，让我享受到助人带来的特有的快慰。

正月初一，东邻西舍去拜年，看着我与爷爷"合营"的杰作，当着小朋友的面大声朗读对联，有点自得，有点炫耀，那是特有面子的事儿。

春节是中华民族最为重要的节日，在我心中，陪着爷爷为邻居写对联，是我节日期间盛大的事件。从对联识文断字，从对联知书明理，从对联了解山水自然，民情风俗，在这一过程中，长智慧情怀，通人性世事，知乎家乡家国，学得乐善好施，由此，我慢慢长大。

我们究竟需要什么样的办学理念

办学理念之误读

课改之后，"理念"一时成为教育的热词。专家学者、普通教师几乎言必称之，否则似乎就是不懂课改，以致遭人白眼。曾"道听"得某一专家回答某高层领导"课改带给中国教育怎样的变化"的提问，堪称"绝妙好辞"：本次课改其他变化虽一时难见，但它毕竟改变了中国教师的话语表达方式。本人无从考证这一消息之真伪，但专家之言一定是大实话。我曾经说，如果今天让中国的教师参加有关教育问题的国际论坛，只要中国大陆的代表发过言，现场其他人肯定少有敢于置喙一二者。为什么？道理很简单，我们教师的"理念"，理论水平、概念、名词、术语的滔滔不绝，早已让那些只知道"埋头拉车"，不知道张口"炫""理"的老师惊愕不已，叹为观止。较之一般的教师，一校之长又尤为甚之。在公众场合，校长假如张口闭口不能"忽悠"出一两个办学理念、教育哲学、学校价值，还不被人笑掉大牙，几乎就立马被视为桃花源中人。

这种现象，我以为首先是一件好事。任何变革几乎都是从"换脑筋"、转理念开始的，理念从来都是行动的先导。我们分明看到，这许多年来，也正是很多优秀的教育理念、理论——比如求真、向善、审美，比如求源、正身、明理等——的引领，一大批优秀校长身体力行，沿着科学教育的道路扎实前行，在当下中国教育生态并不很健康的环境下，依然成就了一所所优秀的学校，进而成就了不少好教育和好学生。

但是，也有例外情况，有些人假借理念，玩弄概念，以为只要会说理念，只要会造理念，只要会炒理念，就是优秀的校长、优秀的学校，就是优秀的教育，将教育圣地搅成了混沌糊涂的"市场"。

比如说"为未来的人生（或者'人生多少年'）奠基"是曾经风行南北的

教育价值理念。迄今不少学校仍然将其改头换面鎏金上墙。我没有研究一般校长和教师的看法，总是设想我是一个学生会怎么看。也曾问过一些孩子，不留心不知道的是多数，因为孩子如今对于学校中的口号普遍比较拒绝，几乎少有关心。知道和了解的似乎也不在意，几乎不往心里去。少数学生总是觉得如果想多了、入心了，就会觉得活着压力很大，心很累。我的感觉属于后者。

不论是什么学段的孩子，无论是在学校还是在家里，他首先是一个"生活人"，其次或者说接着才是"学习人"，这就好像我们说一个成人，他也首先是一个生活人，其次才是一个工作人。学习是学生生活的一个部分，尽管很重要，但绝对不是他生活的全部。

学习尽管需要紧张和压力，但超过一定限度就会走向反面。因为学习是为了自身的成长和发展，个性保护和创新能力的发展是其中至为重要的方面。如果一心为了未来的生活生计着想，个性的发展必将忍痛牺牲，兴趣的培养也将不得不让位。从宏观和长远来看，一个人不考虑未来是不现实的，但是若作为校训写在墙上、挂在校长和班主任的嘴上，萦绕在每一个孩子的耳边，就难免幻变为血雨腥风的残酷和枪林弹雨的恐怖。将成人世界的生活状态过于前置地展示并强化，又如何能够让孩子的心理、情绪和情感舒展、放松、愉悦起来呢？

往深层次说，这种理念还是难免太过功利。告诉孩子今天的学习必须为了未来的生活，并没有错，但如果以为今天的学习仅此一个目的，那就很值得商榷了。因为学习生活也是孩子们整个生命旅程的一部分，让生命的这样一段——学生时代，快乐，健康，活得丰富多彩，这也是学校和教育价值的一部分。所以每每读到上述或者类似上述表达的理念，我都会一阵惊悚，不禁想起学者资中筠先生的一段话："中国现在的教育，从幼儿园开始，传授的是完全扼杀人的创造性和想象力的极端功利主义，如果再不改变，人种都会退化。"

还有一句流布甚为久远的口号："今天我以学校为荣，明天学校以我为荣。"这一理念本身并无问题，只是后一句话在一般孩子和家长基于现实的理解中会延伸出许多有违常态的猜想，而这样的猜想会激发出许多不当甚至是负面的东西。现实中学校一向是以什么样的学生为荣的呢？校长和教师口中炫耀的"杰出校友"主要是什么样的人呢？可能主要是两类人：在仕途上占位较高的，在商场上争利较多的。因为凡大小学校的校庆，抛头露脸的似乎总是这些人。至于默默无闻地在各行各业中甘守本分、做着应有奉献的，像工人、农民、教师、医生、普通公务员们，似乎一般是要被排除在外的。这似乎昭示了一点，这些人，应该至少不是本校引以为"荣"的人。假如占校友总数绝对多数的普通人不是母校引以为荣的对象，这样的学校是不是能够成为学生引以为荣的学校呢？这是值得我们每一个教育工作者深度思索的问题。这样的现实，给予孩子怎样的示范和影响呢？让孩子在"以我为荣"的口号下做出怎样的未来定位和选择呢？也许这一理念设计的初衷并不完全是这样的，但不能回避现实笼罩于其上的大而重的阴影。

再比如说"将孩子带到高速公路的入口处"是一条多年来相当流行的"理念"，虽形象生动，且乍一听来蛮有道理，但细一想来也是问题不少。关键是"带"字，似乎并不如何高明和先进。假如是幼儿园或者小学低年级的孩子，也许需要或者可以让你"带"着，但其他学段和年级的孩子，如果还要你"带"的话，那孩子的能力和素养何时才能自主"建构"起来呢？对他们而言，需要的是我们耳熟能详的、并不时髦的"指点"和"提示"。未经现代文明"化"过的山野也许十分需要山民的"向导"，公路交通已然发达的城乡可能只需你信手"遥指"或者提示问路人看路牌即可。

既然如此，是不是意味着"理念"是一个怪物，是一个令人谈之色变的东西呢？显然不是。

办学理念之正名

理念是一个旧的哲学概念，实际就是观念，按照康德的说法，是指"纯粹理性的概念"。理念就是理性化的想法、理性化的思维活动模式或者说理性化的看法和见解。它是客观事实的本质反映。

由此而言，教育理念，也就是我们对教育、教学等的看法，以及所持有的信念。对于教育的看法和认识，自然不是课程改革后才开始出现的。也许课程改革带来了一些新理念、新思想和新理论，但就教育而言，如此漫长的历史中，其积累的思想和经验要比新出现的东西多得多、厚得多。

不管如何，有一点是肯定的："理念""教育理念""办学理念"并不是了不得的新鲜的东西，并不是少数人炫示的专利，几乎所有的教育工作者都有着或多或少的教育教学理念。因为在我看来，就学校教育而言，10余年来的课改催生的理念大致涉及比较宏观的教育理念（教育价值、意义，教育方针等）、比较中观的办学治校理念（学校文化、学校管理、三风等）和比较微观的学科教学理念（课程价值、教学模式、方法等）三类。一般人说到理念，大多指其大者，可能关乎教育的比较多，涉及教学的则比较少。而我却以为，真正影响具体的学生活动的，往往是教学的理念和思想。当然，教育理念一定有新旧之分，自然就有先进和落后之别。但因为掌握了一两个新的先进的教育理念就以为是掌握了教育的话语权，占据了教育的制高点，就可以雄视天下，"理"压群雄，那肯定是无知和荒唐的。

一所学校没有教育理念和办学理念肯定是不行的，一位教师没有正确的教育教学理念，是难以有科学的教学行为的。但是教育教学理念又不是从天上掉下来的。实际上，任何校长、学校和教师在教育教学理念问题上，都不是白纸一张。传统教育思想和主张，早已深深扎根在我们心中，比如"教育就是改善和提升人的素质""教育就是引领被教育者追求真善美""教育就是尊重和保护学生的个性和创造"等。所以也许一所学校墙上没有挂上标志性的理念，校长的口头也说不出多少关于理念的道道，但绝不意味着这所学校不是学校，也不意味着它一定是一所不好的学校。

办学理念之确立

从前文的举例剖析我们可以看出，办学理念的确立又不是一件可以随心所欲、猎艳求奇的事。仅靠语言的怪异以吸引眼球，造出的理念也许可以轰动于一时，但终究难以持久。而且稍有不慎，会立马影响学生的学习、生活和发展。所以，我认为任何一个校长、一所学校，包括教育行政部门的领导，可以允许在这一问题上的暂时的无所作为，因为即便真的如此，有大的教育方针在，有教师和学校的文化在，学生的学习并不会有什么大得了不得的影响；但绝对不可以在这一点上自以为是，随心所欲。假如有人无视教育规律，且唯我独尊，确立一条不很或者很不得体、确切的所谓"理念"，那造成的危害则是难以收拾的。

那么，在办学理念的"建构"上，我们应该怎样做呢？

一是遵循规律。对于理念，有人认为其实是把人们从个别事物中抽象而得的普遍概念加以绝对化，并把它说成是事物的原型，进而认为理念是永恒不变的。这是把理念视同真理本身了。但现实中多数人所言的办学理念大多不是真正意义上的真理，谈不上合乎规律。基础教育阶段多数学校一味鼓励学生竞逐名校的行为隐含的"拼搏""抢夺""成王败寇"的丛林法则虽然因现实的功利逼迫有某些无奈和合情的因子，但绝不意味着其合理和科学，不意味着它是主流和方向。而诸如"坚、勤、毅""自由之思想，独立之精神""今日事，今日毕""做站直了的现代中国人""中国品质，国际视野"等则是谨遵规律，不仅遥远的古代而且可见的未来都是颠扑不破的。人的成长规律——把人当成人，育人规律——把学生当成立体、全面的人，学科教学的规律——以人为本、以学习者为主体，以及知能和素养养成的规律——循序渐进、因材施教，这些都是我们在提出和倡导任何教育理念时，不能有丝毫背离的。

二是坚信常识和理性的经验。现实教育，在文化建设特别是价值观确立方面，有一种求怪、求险的倾向，立意唯恐不高，表述唯恐不奇，前述各类所谓"理念"——假如这也是理念的话，就属于此列。这类理念，一般会一时轰动，流布广远。但如果我们就这些不可谓不新、不奇的东西，回想一下自己的学习经历和教育教学行为，对照大多数人学习的一般过程和方法，就会有许多新的认识和发现。"合作学习"是课改之后被称之为"转变"了的学习方式，自有其特定的内涵。但现实中误解、滥用这一概念和方法的几乎比比皆是。以为"合作"就是"分组"，"合作学习"就是课堂讨论，致使科学的学习方法被粗糙的一般方式所取代，劣币驱逐良币，平庸解构了高雅，进而也解构了课改。实际上，"合作学习"是理科学习中小课题研究的方法，一般不适用于短暂的课堂活动。而从基本的常识看，不论是课堂还是平时的学习，主要靠自主独立的个体阅读、思索和践行。小组交流则最多是在学有所得之后的交流、碰撞，进而促成新的发现和提升，若把它作为课堂学习的主要策略和方法显然违背基本的常识。

三是经由思考和实践。鲁迅先生在《拿来主义》一文中说："我们要运用脑髓，放出眼光，自己来拿。"意思是，在学习、借鉴古代和外来文化问题上，科学的方法是，必得稍稍过一下脑子，做一点儿思索，换一下视角，不要盲目附和跟从。但课改之后，现实教育中的盲从风气似乎大有泛滥之势。比如，如今"三维目标"大家都口耳相传，引以为"绝对真理"，但如果我们基于任一学科的课堂教学实践做一点儿思考，立马疑问就会产生：普通的一节课应该可以引导学生掌握一定的知识，培养一定的能力，积累一点素养，但若要求教师每一节课都能提升和改变学生的"情感、态度、价值观"，还要能够让外人观察和测评出来，这既匪夷所思，也无从操作和落实。这样的理念的产生和风行本身便说明，就课改而言，教育教学中言和行、理念和事实之间的距离有多么遥远！而某些经由媒体和其他方式炒作而一夜爆红的"模式"更是被某些学校不分青红皂白地追逐、效仿、借用。这些所谓的理念以及对其的盲从，带给现实教育教学的误导害莫大焉！

办学理念是学校文化的一部分。学校文化是一个学校的根和魂，是学校历史的积淀，它的产生，不是一日之功，也不是一人之力；需要假以时日，需要众人拾柴，需要代代积淀，更需要耐心和坚守。从这一角度讲，有时候，或者说更多的时候，学校的办学理念不是校长心血来潮的灵感发现和顿悟，而是学校和教育发展到一定阶段和时期的水到渠成。

多少年之后还能有多少学生念起我们？

—— 致青年教师

　　还记得昨天，昨天恍惚就在眼前，就我而言，昨天分明就是你们的今天。有人常常问，假如再有一回人生青春路，你怎么走过？

　　不懈读书。我在文化沙漠的时代完成了基础教育，正是最想读书的年岁却无书可读。等到高考恢复，报考数学的我竟因为高校中理科老师不足，阴差阳错地转入了中文系。第一次作文，班上"老三届"同学用文言写的作文让我目瞪口呆，此前的我连一篇文言文都没有好好读过。极度自卑之下，听得老师的"读书可以弥补一切人生之不足"箴言，如获至宝。从此读书和背书成为我大学和大学后很多年的几乎主要的生活。其所读，从文学到文化，从教学到教育，从古代到今天。我大学时的学业的优秀，工作时的许多实绩，直到今天还能与时俱进，似乎都离不开从不间断的读书的奠基和充实滋养。

　　那么，究竟"读"什么？我的体会是，既重专精，又求广博，关键是自己喜欢。

　　总在想事。教书时，想着语文课程的价值究竟是什么，如何上出孩子最喜欢的课，如何高效优质；管理时，想着如何让教师遵从教育教学规律，如何做到教育教学的轻负高效，如何让师生在自由和宽松的环境状态下张扬个性，发挥特长，保持求异创新的品质；做科研时，更多想着真正的教育应该是怎样的，学校设立的初衷和目的是什么，教育理念与行动是什么关系。想得多了，加之阅读的所获，且思且读，心里便常觉显豁一些，认知中更多了理性，教书、育人也越来越有准头、策略和层次。有思想的芦苇可能就是比其他的芦苇多了一些"特立"和操守。

　　那么，究竟"想"什么？一言以蔽之，有关教育的常识、本真和规律以及如何按照常识、本真和规律教育教学。

常找"新路"。教育是一种实践的事业，教学是一项实际的工作。"教"好自己的学科，"育"出优秀的人才，是硬道理。教学的实行，既有前人的经验，又有今人的成果。当中外理论杂陈，当时尚模式风行，我曾经眼花缭乱，常常魂不守舍，少有自信，以为新鲜一定优秀，"大家"肯定正确。多少年多少次的践行之后，我才逐渐悟出，鲁迅先生"运用脑髓，放出眼光，自己来拿"的论断有多么高明；尽管"他山之石，可以攻玉"，学习、模仿、借鉴应是必需，但自己成功的实践，经由理性思索过滤、提升过的经验，可能才最能带给我实实在在的收获和成功。记得 1995 年前后，我申报成功省级课题"高中语文单元整体目标教学实验"，那是一个据说早已被多地实验证明异常成功的模式，我们只要照做即可。我和几位同事学习、思考、研究、试行，对外公开教学，在专家的指导和引领下，调整，改革，再设计，真可谓兴师动众，做得风生水起。但我因为天性中的求异较真作祟，总觉得这一方法还是受制于一统的教材，特别是教材的编写体例和体制。于是，我的结题报告《重要的是单元教材的科学化》，以实验过程和结果为据，部分地否定了这一模式本身。也正因此，我另辟蹊径，在阅读教学和写作教学领域开始了新的探索，并分别有所突破，取得较好的教学实绩。

那么，"新路"究竟在哪？常常就在自己脚下。这其中，自信和自觉十分重要。

这三项"工作"，几乎完完全全伴随了我中学教学的前 24 年。这其中，有苦行僧般的艰难和坚守，也有各类大小收获和成功后的快乐。找不见好书是纠结火急的，但是听得专家的高论是惊喜的；与毕业班同学一起临考是焦虑忧心的，但三年的辛劳一下子换得"理想的分数"——这从一方面验证了成果的丰硕，又是欣慰的；否定自我的做法和经验是痛苦的，一旦脱胎换骨、凤凰涅槃，找到"柳暗花明"之间的新径，又是得意非凡的。

当我多少年之后一路顺风顺水走到今天，似乎收获了比一般人多一些的风景，赢得了从语文教学到教育研究诸多领域的少许虚名，总有人以这样那样的眼神与我交流。那其中有钦佩，有惊讶也有疑惑。

我的认识是，我失去过好多机会，但我得到了更多的机会；我并不懂得"有心栽花"刻意去迎合什么人和事，但我有幸常常"无意插柳"，遇到了好多优秀的伯乐和机遇。我的经历几乎一点儿也没有悬念地验证了一个观点：机会一定是等待着那些有所准备的人。之所以一定要强调"有准备"，是因为归根结底，若是没有这 24 年的基层一线的教学积累，没有这漫长岁月中的读书、想事、找路的坚持和坚守，我不敢想象"好运"会如同馅饼一般从天空掉落，而且恰恰就掉落在我的盘子里。

做这三件事难吗？我觉得并不很难，在我眼里，这几乎就是教师职业的主要生活内容。或者说，这就是我的本职。关键就在于，几十年心无旁骛。

今天的时代已然迥异了我之当年，丰富和繁杂，自我和多元，机会和挑战，几乎令人眼花缭乱；选择，已然成为每一个人生活的权利。但伴生的是犹豫和迷惘。

我们看到，在一些区域，在少量学校，有些青年教师满足于上完课，坐完班，做完活，便安步当车，安之若素，再也不思不求其余了。谈职称，论职务，一般都不太提得起精神和兴趣。即使身边不乏一些努力向上者，有建树，获荣誉，得奖励，也刺激不了他们的神经。这当中，不乏有才有志、曾经真的期求在教育领域一展宏图的人们。

我想，所以如此，原因肯定是多种多样的。社会现实、教育行政、学校管理、学科教学、升学、家庭生活等的"合力"重压，都是不可忽视的影响因子。但是我以为，这些"客观"，是我们每一个老师每时每刻都在面对的。问题是，我们都曾经有对于教育、学生的理解，我们都有实现理想的愿景，我们也许谁都不可能一个早晨改变中国教育和社会的现实，但一味沉湎于伤感、失望、萎靡、退让、躲避、放弃，于己于人又有什么好处呢？但我们哪怕是从做一个称职的好老师、好职员、好父母的角度，致力于自身品质的修炼、行为的改善、教学素养和人文素养的提升，以求生活和工作中，真的像一个家长，像一个职场的主人，像一个与教师标准要求吻合的教师。

更为重要的是，伴随这许多年教育改革、学校发展，教育内外已经逐渐"共识"到，教师发展就是教育发展，教师发展就应是教育行政、学校、校长工作的核心要素。紧承这样的理念和追求，各级各类学校和教育行政部门为教师成长设计和搭建了几近完美的立体网络和台阶。就江苏而言，几乎所有想要发展、稍有发展的老师都会在这样的框架、坐标中找到自己的定位。这样的条件、环境、机遇，是中国有教育以来从未有过的。

当然这也是应试的惨烈与真教育的纯正对阵博弈的时代，而这常常又是每一教育工作者可以大展宏图的时代，转型期的暂时的"乱"也许恰恰可以成就思想的"百家"，产生一批又一批实践的"先驱"。

问题是，我们良知还在、远志犹存的青年教师们，是否做好了追求卓异、辛苦耕耘直至数十年不辍的心理准备？

　　回看本文时，正是 2015 的岁末年初，应邀远赴江西井冈山脚下一座名为万安的古镇也是革命老区"讲学"。这个县开办"教育大讲堂"，我被作为"首场专家"参与其盛。其时，寒假将至，又是一个周末的上午，但千余人的会场座无虚席。十分年轻的教育局长亲自主持，上午的活动两个议程。先是由三位资深、优秀的地方名师陈述自己的故事，每人 20 分钟。最难以忘怀的是一位县中长期担任班主任工作的女教师的故事。今年教师节前夕，她在教室里上课。下课后发现手机里有一陌生的来电，呼叫了不知多少次。待她再接电话才知是自己的学生，早已在上海工作而且功成名就。学生告诉她，他回家乡公干，特地来拜望老师。他和他父亲已经在学校门口等了近两个小时。该老师赶忙赶到校门口。远远地看到早已是成人的学生和他年迈的父亲恭恭敬敬地站在校门外，伸长着头，巴望着。当学生把满抱的鲜花送往老师手边的时候，这位老师当场难以自禁地淌下了热泪。

　　巧的是，待我讲课结束，下午我乘坐 17:50 的飞机从井冈山机场赶往上海虹桥机场。8 点多，坐高铁赶镇江，然后是回家乡，我曾经工作了 20 多年的长江小岛。为的是我的 1987 届的一批学生，他们在元旦前后的一场小聚会。三两次转折，待我到达集中地点时，已经是深夜 11 点多。当我面对那一群一直在候着的许多是 30 余年没有见过面的学生时，我也是一腔的感动、感慨。

　　联系起来想，万安的那一位学生为什么多少年之后专程来拜访自己的这一位老师？我的 87 届学生聚会，为什么要请如我一类的两三个老师？这里面实际是有道理可说的。

　　我经常说，好老师就是多少年之后还能让自己曾经的学生经常念起的老师。什么是"多少年之后"？我的体会，也就是青年到中老年的距离，从时间看，或许就是转瞬之间。

　　转瞬之间，最害怕的是一念之差；这样说来，你我又怎能不珍惜！

致敬这世界的"孤独者"

　　为世间万物或者为万物中的某一物种分类是一件很有意思的事情，选择不同的标准或者不同的角度，便会有不同的类型，于是也会有许多不同的发现。比如为我们自己——人类来分类也是如此。从小到大，观察大千世界中之芸芸众生，似乎觉得人也就三类，一类是自处而独乐的，一类是群居而得意的，还有一类是自处和群居两者兼顾而有成的。这是从个人与群体关系的角度观察得出的结果。

　　先说群居而得意的。喜欢群居，几乎是我们中华民族的传统。至于这传统起源于何时何地何一人群，则无有查考。但自我记事起，就知道"集体"之伟大，一旦被"集体"以不管何种名义疏离、冷落，那几乎就是一个人一个家族的灾难。那时，农民有生产队，城里有集体、国有等多种名义的企业。在其中，如果是一个贫农或者工人，那一定是自己人，无上荣光，人前人后，真个是人模狗样，耀武扬威，要是什么被群体划为"另类"的地主、富农、右派、坏分子，那就不仅自己，连老少三代也抬不起头来。而且群体还常常居高临下，想游个行，开个会，批斗两个看不顺眼的所谓"坏人"，那真是随心所欲，说到做到。集体的好处，就是做起领导要求的事儿、整齐划一的事儿、流水线上的事儿，那真是一声令下，立马拿下。集体的最大的好处，是便于统一思想，在集体中熏染惯了，常听习见，同气相求，同甘共苦，就知道几乎别动脑筋，只看领导挥手，头儿号令即可。最有意思的是，千万人同声高唱"文化大革命"就是好，三两遍唱完，便真个觉得它非好不可了。对于大多数个体而言，群居对自己的实惠就在于遇有任何事，总可以找到"组织"，交给"领导"；似乎少了许多烦恼。比如要外出，要补助，要吃药，领导批个条，施舍点钱，似乎都能"苟全性命"于"盛世"。

群居者最大的失败，就在于一辈子没有做过自己的事儿，也没用想过自己能做什么事儿，反正有组织，天塌下来，总有领导顶着，当年有一句话，"毛主席会为我们做主的"便十分流行也让所有的工农特别踏实。听别人的，按照领导意图实施，对着图纸操作，群居者几乎无一例外的，不可能有什么自己的发现和发明，更不可能有哪怕一点儿的创造和创新。

群居者最大的痛苦，就在于到后来不知道自己怎样独居。一个人一辈子不可能总在"集体"里，中老年了，对集体渐渐作用有限了，就自然要离开组织，自己设法安度中老年。但是在集体中浸润久了，依赖惯了，当然就不知道如何一个人生活，如何与自己相处。曾经有一个段子，说的是一个人因为某种灾变，与"集体"一度失联，多番辗转，依然无法与组织接上头，已至精神分裂、意志崩溃的边缘。在干渴昏迷之时，有一善意的狼发现了他，用湿润的舌头舔他的脸，终于让他惊醒，朦胧中，对着一张狼脸，他激动地扑上去，用尽最后一点力，喊道："我终于找到组织了！"

没有自主，少有独立，思维系统萎缩，思想中枢停摆，别说基本的哲学思考，就连我和动物有什么不同，我活一辈子，是为了什么，我能不能有另一种活法，这些问题，也不可能想到并提出，而且，如果有人要如此发问，还得被他们围攻：你发什么神经？想干什么？好好的日子不过，想这些没用的，是不是脑子坏了？

我也是一个常人，可能就因为多了一点儿自己的主意，想了一点儿问题，就常常会有一些发现，但最无法发现的是，这些群居者的晚年生活，那无法不独处的那一段岁月是怎样过的怎样想的，对于曾经的群居有没有反思和认知，有没有伤心和后悔。我想，即使你千方百计用尽，估计他也不会透露，或者根本他也未曾想过，而且，当你真的与之交流、想做一点儿调查的时候，他又兴高采烈了。为什么？因为你的出现，你的交流，他又找到"群居"的感觉了。

极有可能，他会扑上来与你拥抱：我又找到组织了！

再说自处而成功的。

自处一般被认为是西方人的专利儿。是西方文明的特征，有人说，西方人回归家庭，回归个体，回归内心。貌似有点儿道理，但咱中国人文化也并不缺这些。春秋时孔子就言"慎独"，好多思想家都是自处的神人。孔子一个人在黄河岸边静坐终日，终于感慨："逝者如斯，夫不舍昼夜。"而几乎同时代的庄子更是一位狡黠的哲人和独处者，他一边说"吾生也有涯，而知也无涯；以有涯而随无涯，殆矣"，劝诫别人不要用有限的生命去学习无限的知识，做无用功，一边又夙兴夜寐，广搜博览，终于写就旷世奇书《庄子》。其才华横溢，纵横捭阖，汪洋恣肆，几乎赶尽杀绝当时乃至此后的一切文才大家。这不是活脱脱的一个赵本山式的"大忽悠"，又是什么？

也许是近现代以来，大量的群体性运动，使得团队的力量终于被人们逐渐认知，很多人再也不愿意去"享用""孤独"的艰难。"慎独"，独处时需要"谨慎"，需要"怵惕"，那是多么痛心疾首、艰苦备尝的事儿，受这样的"穷苦""活罪"干什么呢？哪有在集体中"天下同乐"优游得意呢？

而且几乎与近代以来的"革命"和运动相一致，多数人对于少数人的运动，常常蜕变为群居者对于独处者的专政。这就使独处者永远是"弱势"。弱势者在弱势的运动中唯一获得的教训就是积极地勇敢地投怀送抱到群居者的大本营，就是一种紧跟、救赎和翻身。久而久之，我们就都喜欢安享群居的人间乐了。

但是，独处者即便在中国还是代有传人，屡毁不绝，有点如鲁迅所言，我们中国人向来是有骨气的。最近总理李克强也说。我们的国家需要一大批甘于寂寞、枯坐冷板凳的科学家。

是啊，独处不易，它没有群居者的热烈和热闹，它没有群居者的集体福利和抱团取暖。仰望星空，是一人向天，可能会头昏脑涨眼花，甚或会胡思乱想；脚踏实地，是独个埋头拉车，有时会一条道走到黑，常常是饥寒交迫、艰难苦恨。

但这一地的花草树木，这满世界的财富繁华，这人类引以为自豪的所谓物质、文明和文化，就是这些人发现、发明和创造出来的。

从这一意义而言，我们又如何能不向独处者、孤独者致敬？

第二篇

理想与梦想

让语文安静

儿时读书，受影响最大的多半是语文老师。不仅是教学内容、思想和德行，而且有举手投足、深情态度甚至还有言说的"风姿"。我出来做老师，因为教语文，还总是以精神的教主自诩，以为做过我的学生的，将来不是拯救世界的，也应该是报国安民的。而居然，我的学生还真个就有不少信其道，成其名，亲其师，传其神的。这带给我的自豪和自信，支持和支撑，竟一直让我消受到今天，似乎还仍然未有什么衰减的趋势。

如今，"人文性"已被赫然写进语文课程标准有年，尽管有轰然喧天的课改给以强力的助推，但语文老师的教学和语文人的地位如晚霞漫天时候的夕照，大有美女迟暮、俊杰失势之态。每每念此，总让我不禁悲从中来，总让我想起过去的语文教学，艳羡那传统的语文先贤。

语文人应该颇多书生意气。语文人是最接近中国传统文人的，名士雅致，清高远俗，遗世独立，常有超然物外的仙风道骨。书生的"意气"，如风发，如云行；去有影，来有踪；书生也许并不富裕，但真正的书生一定"富有"，书生富有的当然是"书"，原来这如风卷残云的海量的"意气"正式从"书"中"生"来！

语文人应该颇多文学情结。以阅读为生活方式甚或生命，爱好文学，语文人大多做过或多或少的文学的美梦。祈求以诗歌的浪漫抒怀，以小说的凝重济世，文学、文章不仅可以怡情养性，而且真的是"经国之大业，不朽之盛事"。也正因为此，语文人的才华、浪漫和潇洒，便是一种表征；语文人的忧郁、慈善和悲悯，便是一种特质。

语文人是应该有些操守的。语文人常常存良知，多批判。语文人似乎更像经典意义上的知识分子。其心理永不满足，其目光总审视并批判现实。所以，鲁迅才会被后人公认为民族的良心。同情弱者，蔑视强权，于乱世可以"苟全性命"，但绝不摇尾乞怜。有标格，守底线，说真话，做真人，绝不昧着良心，攀龙附凤，借势炒作，以求"闻达于诸侯"。

这一切,对于今天的语文人,恍如隔世,说不知有汉何论魏晋,真的就是梦中桃源。

我们有的，只是疯狂应试的功利和浮躁，只是一本教材、一本参考和一批教辅书的所谓"书香"，最该读书却很少读书甚或最不读书的"恶谥"。

我们有的，只是对所谓理念和口号的热捧，只是见风使舵的顺从和庸俗。

我们还有什么？

当月考和周考已然成为语文教学的常态，当选修课的教学需要用考试的杠杆来加以撬动，我们的语文还有什么！

今天，对语文课改的反思亦然启动，我以为，我们要做和能做的就是祛除邪魅，扶养正气，语文和我们自身最需要的是，安静！

让语文学界安静。从本源问题出发，整合力量，研究这一门课程存在的"合法性"：语文是什么？语文教什么？怎样教学语文？在今天，被糟践得如此、几乎将要称为"玄学"的语文急需要"科学"的拯救！

让语文教育安静。从语文学习规律入手，回归真实的语文学习状态，语文就是语文，喊偏激的口号，贴招摇的标识，炒"创新"的陈货，不是十足的幼稚，就是沽名钓誉！

让语文课堂安静。让学生真正自主并成为主体，静静地读书，静静地思索，接着与同学、与老师静静地研讨，悄悄地对话，正是在这一神圣的殿堂里,静谧的"情境"下，语文的营养如随风潜入的春夜细雨，在有无之间缓缓注入。于是，语文能力和素养的芽儿在无声无息中潜滋暗长。这就是每一个语文学习的真实状态！

让语文人安静。静静地修炼自己的内功，读书作文；静静地研文备课，独立思考；并进而推己及人，在课堂中放任孩子自由阅读思索的同时，把自己"指导"的角色演绎成逼真、朴素和实在。

是的，一旦走出喧哗和嘈杂，走出浮躁和虚火，我们会看到柳暗花明，我们就能安静下来。于是，语文、语文学科和课程建设、语文学科的性质和目标、语文教学和改革等问题，就可以作为科学来研究。跟谁说过定过毫无关系，让偶像走下神坛，我们就能不讲童话，不怕神话，少说故事，研究问题本身才是语文前进的正步。

这就是前人所言"天若有情天亦老，人间正道是沧桑"。

一切取决于"安静"！

让"学校"回到学校

几乎地球人都无例外地知道,教育应该是一项促进孩子身心慢慢生长的事业;学校应该是孩子愉快学习、生活和成长的乐园;校长和老师应该是天底下最为从容和淡定、最为悠然和安静、最为纯正和优雅、最为阳光和高尚、最善读书和思考并且引领孩子思考和读书的一群智者。

但在中国,有谁能想象,当下基础教育阶段的学校,其忙碌和闹腾的程度吗?

校长们,"忙";老师们,"很苦";学生们呢,"十分累"。即使走进小学,也几乎看不到悠闲的人,难遇上安逸的事儿,嘈杂,喧嚣,甚至混乱;如集市,像码头;老师不定性,学生心惶惶。学校的墙壁上,宣传栏里,甚至现代化的电子屏上,诸如被称之为"学校文化"标识的很多口号,显示学校内涵发展层次的"战况"和喜报,还有所谓为激励学生奋斗精神不失"革命"色彩和硝烟气味的标语,几乎无一不充满强烈的竞争意味、无一不挑动血液流动的频率。这一切的一切,都警醒你,这里绝不是心灵可以舒展散步或者栖息停留的"家园",倒像是一个片刻懈怠不得的竞技角斗的"沙场"。假如你有机会与校长们交谈,很多校长不由不显出焦虑和无奈,焦虑于安全和质量如山一般的对于心灵的压力,无奈于检查和干预如"剑"一样的对于教育的伤害,慨叹这教育、这学校、这校长几乎是太阳底下最难办、最痛苦的职业和事业。很少有校长们能够淡定、从容,与你谈哪怕是一点点关于真教育的认识、理解和思考,一点点关于教育发展的理想、轨道和高原境界。

学生在学校应该做什么?这样的环境适合学生在学校的生活吗?

学生来学校是学习的。学校中的学习是学习主体独立主动地吸取知识、发展能力的心智活动,就学校学习的方式和路径而言,主要是课堂内外的听观和练习。听老师讲课,观看各种资料,搜罗多方面的信息,然后通过做题、实践体验或者其他方式达成知识的掌握和能力的逐渐形成。这一切基本都需要学习者个体的亲力亲为才可实现。实现这一切的前提是需要有一个非常安静的环境，总是在混乱的口号和吵闹中，总是在没有纪律和秩序的所谓"小组"和"团队"中，你又如何能够定心凝神地听、观、练呢？又有谁能代替你自身的学习和成长呢？

学习是必须时时伴随着思考的。孔子说："学而不思则罔，思而不学则殆。"几乎说透了思与学的关系。思考更是个体的心智运动，它是观察后的分析，分析中的比较；它需要筛选和联系，联想和想象；它需要独处的环境，舒张的时空。陶渊明之"归园田"而参透人生，苏东坡之常"游古寺"而深悟道、佛；近人钱穆先生教书之余总是雇一叶扁舟泛舟太湖之上，得山水氤氲而学问愈加高深；最为鲜活的还是孔子自画的形象，他一人"若处子"般静对滔滔奔流的大河水，生发"逝者如斯，夫不舍昼夜"的感慨，既是感叹既往，也是激励自己，也还在警诫我们这些来者。言语质朴，而寄旨何等深刻。让学生更多独处静思，而不总是借所谓的"交流""对话"和"展示"，越来越多地侵占孩子自己思维领地。当然，那样的教学繁荣、热烈，极具现场感和轰动性，但没有安静而定心的思考，焉有思维的发展和思想的深刻呢，这哪里是真实的学习呢？

伴随着整个学习生活的还有修身养性。孩子优秀的个性、品德，高尚的情感、态度、价值观究竟是怎么养成的？可能不是靠管政工的校长处长、班主任高言大词训斥出来的，也不是由学生在稠人广坐之中、轰轰烈烈的誓师现场，自己出于一时义气和冲动空喊和表态出来的；而是靠学校中的自主阅读"感悟"、包括高尚德行的老师在内的环境"熏染"、各类法律规制和道德准则的"约束"以及各学科知识积累而有的"内化"逐渐生成的。上列四个关键词也是四条路径，强调的是一定资源、条件下的主体主动的修为，是一种自我教育，也是一种内在的转化，还是一种心灵深处的不断的自我"革命"。它拒绝吵闹，反对骚扰，摒弃所有道貌岸然和盛气凌人的假言、空话和说教，所以古人云"静以修身"。

理解了学校和学生的特质，就要求"教育人"千方百计为学生的成长和发展营造安静的环境。

尽管长期如高铁般的经济的高速前行，让人文"望尘"，信仰迷失，灵魂坠落，泱泱古国，除了学校，几乎社会、家庭早已难觅"教育"的背影，尽管强势的行政和带有浓厚行政色彩的各类"社会"，以各种冠冕的名义每时每刻向学生伸手，把学校作为追逐名利、求取政绩的疆场，将校长、老师和学生折腾得昼夜不分、死去活来，我这里还是要说，社会大环境的变化我们只能等待，等待

"习李新政"更为迅速的惠及民族未来的强力改革，等待某些政客及其管理的一朝醒来的"顿悟"和"自觉"，但作为教育工作者的我们，也并非一筹莫展、无所作为，我们现在可以做也能够做到的便是，从自己和自己所在学校的逐渐改变做起。

学校的安静源自校长和老师的安静。这安静之来，需要清理内心的浮躁和功利，需要深思教育和学校的价值和目的，需要反思自身成长的经验和教训，需要提升对于教育规律的准确认识和理解，需要修炼自身的道德和人文情怀。比如说，当国人把身体和健康全都寄望于医学时，"过度医疗"便成为中国的一大世纪魔征；就孩子的成长而言，他们的一生是否仅仅靠学校教育来奠基？学校教育可以代替社会教育和家庭教育的功能吗？在学校课程体系里，真的有主、次之分，体育、美育就真的不如智育那么重要？我们今天的教育是否也存在"过度教学"和"教育缺失"的双重困惑呢？

安静的学校和教育才能真的有良知和底线，真的以哪怕十分微小的举措来体现真正的"以学生为本"，而不是以大言欺世，用"忽悠"盗名。在当下这样一种难以回避的应试情境里，尽可能少地用这种概念那种口号，尽可能少地学这种方式那种模式，折腾老师进而折腾学生。尽可能多地淡化成人世界竞争的惨烈和疆场上才见的拼杀的血腥，少渲染一点儿应试，让孩子更多些身心的舒展；少布置一道练习，让孩子更多些想象的高远。尽可能多地给孩子提供可以自主的时空，让孩子真的偶尔能放松情绪，梳理思维，真的能俯瞰河水发呆，仰望星空遐想，从而实现自我反省、自我反思、自我净化，这就是我之所谓的第四种教育也即"自我教育"。

如是，教师可以更多静静地读书，校长可以静静地思索，学校便逐渐成了静静的校园，教育也就逐渐成了静静的真教育；再逐渐，当家长的素质和境界越来越高，社会的文明和宽容越来越多，政治的清明和民主越来越到位，学校就有越来越充分的独立、自主和自由，于是，它就完全有可能在不要很远的将来，重新成为一个区域知识的高地、精神的高地进而也是文明和文化的高地，那时，"学校"也就回到了真学校。

这一切的一切，取决于安静！

教育行政官员也应该成为教育家

党的十八届"三中""四中"全会以来，由诸如"转型""法治""治理""简政放权""新常态""管办评分离""现代学校制度"等专业术语所描述的我国政治、社会改革的"进行时"，标志着，传统教育行政的"任性"开始被越来越多的约束，居高临下的权力"管理"逐渐被富于人文和情性的"领导""治理"和"服务"所取代。正是在这样的"新常态"下，"领导力"的修炼，对于教育行政官员尤其是教育局长，就显得异常重要。

教育行政的领导力是教育行政官员尤其是教育局长超越了权力和管理力的、赢得学校和校长尊崇并追随的特殊影响力，是教育行政官员在长期的教育及管理实践中，其"人格""教育品格"和"管理品格"不断提升、逐渐完善，并有机融汇、"化合"和"升华"的结晶。其中，"人格"是品德之魅力，"教育品格"是教育理解和践行的层次和水准；"管理品格"则是实施教育行政和管理的个性和风格。这样的"领导力"，就教育行政官员而言，一般表现为如下能力和水平。

一是规划和决策能力。这一能力，与"管理品格"相关联，实际是教育行政官员"领导力"的集中体现。区域教育历史和现实的估量分析，未来教育与社会经济事业发展的协调，教育在社会事业发展中的同步和略有超前的目标定位，都需要教育行政站在全局的高度，结合现代化和国际化的高标格，在科学考量、论证的基础上，做出科学的顶层设计和安排；而对如何分阶段、按要求，采取符合教育发展规律的战略、行动、项目，来逐渐推进规划的实施，达成教育的健康和可持续发展，则需要在广泛研讨、充分民主的前提下，做出决断。规划和决策之好坏优劣又往往取决于民主水平的高低和科学精神的强弱。一旦低弱占了上风，领导个人意志甚嚣尘上，独裁专权，规划便常常成了"鬼话"，

"决策"成了"专断",事物便会走向反面。当然,规划和决策带有一定程度的"法规"的性质,也不是每一届行政都要另起炉灶、各行其是;常常,在成熟的规划和优秀的决策之后,不断地推进,务实地执行,稳妥地落实,审慎地完善,乃是后来者的主要工作,这既是一种尊重和敬畏,也是一种负责和担当。在依法治教的今天,这也许比规划和决策本身更为重要。

二是引领和培养能力。这与"教育品格"相关联,规划和决策能力本身已经包含有"引领"的价值,试想,只要在上者规划到位,决策科学,校长们就可据此安静办学和教育,少受黑暗中摸索和折腾之苦,这是最好的也是无声的引领。但我这里所言则是指对于区域教育专家型人才的培养的"引领"和"培养"。当下之中国,教育的"应试"早已将从行政到学校的所有教育人事生生拽入"非常态"甚或"反教育"的泥淖,很少有人能够幸免。如何拨乱反正?一方面,需要通过行政的力量强势调控,刹车转轨,但沉疴之重很难一夜间"妙手回春";另一方面,凭借行政权力、资源,大力催生和促进教育家型校长和教师的滋生和成长,这也许是治本之策。这些都需要教育行政的"引领",需要有实实在在的"培养"举措。这就要求教育行政官员,准确理解教育,精通教育规律,把握教育人才成长之道,而且富于非同寻常的人才情结、教育品格和家国情怀。于是,高远的视野、宽广的胸怀、丰厚的底气,加上职业和事业的使命和责任,行政官员也就会像爱护眼珠一样爱护教育人才,像重视生命一样重视教育人才的培养,并且通过决策、行动、项目和亲身的指导,实现教育专家的快速成长和成熟,达成区域教育生态的渐渐演进和变化。

三是保障和监管责任。这与"人格"和"管理品格"相关联。学校和校长的成长和发展从来都需要组织及相关机构的监管。富于领导力的教育行政官员,对于辖区内的校长,不仅仅是依靠冷冰冰的纪律和制度——尽管这是必要的,不可或缺的,但更注重友情提醒、善意劝诫、互相勉励,真正做到防患于未然。这就让监管变成了真正的爱护和保护。富于领导力的教育行政对校长绝不会先放任、纵容而一旦出事又躲避和推卸。领导力实际也是一种责任担当。当学校需要资金、资源和条件等的支持和帮助,他们一定从大局出发,从实际需要出发,千方百计,克服困难,总能雪中送炭;当处于发展过程中的校长和教师个体需要关怀和鼓励,他们也常常锦上添花。如今,教育内涵的提升遭遇许多困境和艰难,社会对教育的认知出现如南辕北辙的偏斜,最需要的是教育行政通过行政的力量,经由宣传、引导、教育等多种"动员"方式,启蒙教育认知,培养全社会对于教育专家、优秀校长和教师的尊重和敬畏之心，关键是形成如下共识：教育问题，听教育专家的；办教育，让教育家来。这也许是对于教育的最大也是最好的监管和保障。

显见的事实是，具备如此领导力的教育行政官员还少之又少。而教育行政官员又如何发展优秀卓越的领导力呢？我以为，一方面需要教育行政官员顺时而变，不断放权，划清权力边界，克服"管控"欲念；强化担当，不越位，敢担责；走向服务，纡尊降贵，甘为人梯；另一方面以学习为要务，思考为常态，修炼心智，提升精神，从而逐渐达成如上所述的"三格"合一，并快速转化和不断提升超越权力和管理力的特殊的影响力。

论及校长，我们常说，一个好的校长就是一所好的学校；同理，一个好的教育行政官员尤其局长，就是一个区域好的教育。前提是，这样的教育官员，必须具有卓越的领导力，必须逐渐成长为如孙孔懿先生《论教育家》一书首提的"行政教育家"一类。而教育行政类教育家与校长教育家、教师教育家大批涌现之时，也就是中国教育走向规范、科学和卓越之日。

传统文化究竟如何进校园

由于应试"主旋律"，基础教育阶段学校"两耳不闻窗外事，一心只教'应试书'"早已渐成常态，无论是杜威的"教育即生活"，还是陶行知的"生活即教育"，也早已成"空谷传响"，少人问津。尽管如此，对于政治的敏感、政令的反应以及高层指示精神的响应，学校仍然堪称迅捷和及时。近几年来，由于高层发声和推动，"传统文化"一时成为热词，传统文化进校园，进教材，早已成席卷之势。这一方面令人欣喜。这许多年来，包括课程教学在内的学校教育，疏离经典和传统"久远矣"，有识之士眼看着道德滑坡、精神溃退、信仰缺失，可谓心急如焚，拨乱反正几乎是众望所归；但另一方面，"传统文化"之回归，应该是以什么样的内容和形式，什么样的方式和方法，似乎暂时还无有定见和定论，"摸着石头过河"，各行其是，自说自话的占绝大多数。

笔者在国内很多的学校主要是小学，看到在不同的位置但一般是比较醒目的位置—— 有的是学校围墙的外部，也有在围墙的内部，有的是校内的宣传长廊，有的则在特别的德育或者文化建设的展示大厅—— 画有配以文字表述的"二十四孝图"，而且常常与社会主义核心价值观的宣传"联袂演出"。只记得当年鲁迅先生著有《二十四孝图》的散文，对"二十四孝图"中的许多愚"孝"故事进行了辛辣的批判。如今，这些故事居然在弘扬"传统文化"的名义下，不作甄别、堂而皇之进入学校，以之为社会主义核心价值观的有机组成部分，真不知设计者是何眼光，有何居心？

不久前，应邀参加某名校的"中医文化进校园"观摩展示活动。名校长夸说"中医文化"之高深莫测，神妙无限；学者专家妙语阐发中医理论，名医现场演示理疗实效，患者演说治疗奇效。更有高层官员和资深文化名人前来"站台"助阵。可谓蔚为大观，成一时之盛。

在一些小学和初中，很多冠以"传统文化读本"名头的正规或非正规出版物，一律被称之为弘扬传统文化的校本课程教材。编者煞费苦心，将中医著作、武术著作、酒经、茶经、道家文化、佛教文化等海选出来，编入教材。当然，教材中也不乏各类传统经典文章和文学，比如李杜诗歌，韩柳文章等。可谓煞费苦心，穷形尽相。

课堂中，有不少教师，只要发现知识点中、课文中涉及传统文化元素，都得勾连放大，铺陈展开。比如提到京剧，那就得让宝贵的国粹，在课堂里淋漓尽致地呈现；如果关联上饮酒，那就必须将酒文化相关的内容详细地梳理。诸如此类，不一而足。

乍一看来，现在的学校课程内容丰富了，教育教学好看了，尤其是"传统文化"似乎真的进入了学校，进入了学校课程，进入了学校教育教学，但细究之，这还是学校教育吗？传统文化应该是用这种方式进入学校的吗？

就教育而言，包括这样那样的改革，包括偶尔也把"传统"挂在嘴边的创新，实际上看我们的教材，特别是文科教材，"传统文化"的元素和因子在逐渐淡化。与社会的潮流相一致，中小学课程教学中，对于英语课程教学的重视程度无论是学校主导、家长认知还是社会共识，都远远超出一般的文科课程。这种情势下，连最能显现中华传统文化的语文教育也难以自保和独完。

最为可怕的事实是，这许多年来，与基础教育学校课程中传统元素消减同步，20余年间应试之毒瘤却日渐"一股独大"，如此双重折腾下的中国学生，一方面，少有了"传统文化"的影响和熏染，一方面，添加了分数和应试的"利诱"，于是，从小学到大学，很多人几乎就是别无选择地走在一条"精致的利己主义"的大道上。

所以，从这一意义而言之，中央主要领导连续的关于"传统文化"的发声，不仅有所指，而且对症下药，可谓一针见血，切中肯綮。当然，从高层的发声看，可能更多指向社会层面，指向价值观的建设层面。比如2014年2月，在对省部级干部一次讲话中，习近平同志说："坚守我们的价值体系，坚守我们的核心价值观，必须发挥文化的作用。"同年10月，在一次文艺座谈会上，又说："要结合新的时代条件传承和弘扬中华优秀传统文化，传承和弘扬中华美学精神。"这正是要通过传统文化的传承，从传统文化中汲取精华，实现新时代价值体系的重构，复兴民族文化传统，重振中华精神，以此实现中国梦和中华文明的真正崛起。

也正是从这意义而言，当"立德树人"成为基础教育阶段学校教育的首要问题，从传统文化中寻找源泉，从传统文化中汲取营养，正是要从基础教育阶段，从孩子开始，复兴中华文明，重塑中华民族的价值观和信仰追求。

接着的问题是，泛泛而论"传统文化"，几乎谁都可以说三道四。但如果局限于学校教育而言，那个走进学校和学校课程的"传统文化"究竟是怎样的呢？

研究这一问题还是要回到问题的本源，究竟什么是传统文化？我们一心要弘扬的传统文化的核心内容又是什么？

所谓"传统"，指的是，历史沿革下来的、对人们的社会行为有无形的影响和控制作用的思想、文化、道德、风俗、艺术、制度以及行为方式等。所谓"文化"，广义而言，"是指人类在社会实践过程中所获得的物质、精神的生产能力和创造的物质、精神财富的总和"；狭义而言，"是指精神生产能力和精神产品，包括一切社会意识形态：自然科学、技术科学、社会意识形态等"。合而言之，这里的传统文化，自然指的是中华民族的传统文化；这样的"文化"，假如从形而下的角度看，可以分出无数的品类和内容，如饮食、服饰、诗歌文化、戏剧文化、中医文化、宗教文化、官场文化、民间文化、宗族文化等，而每一大门类中又可以细分为好多小类，比如东坡肉、沛公酒等文华就从属于饮食文化的分支。假如从形而上的角度言之，则是指从中华传统中梳理、整合和凝练出来的精神和价值观。这种"文化精神"，简言之，就是某一群体在生活方式、社会行为模式，尤其是价值观上所表现出来的感情特质和精神品质，体现了一群体相异于其他群体的文化特色。再说具体一点儿，这种中华民族的文化精神，则集中表现为，中华民族在数千年的文明生活中对于每一生命个体在社会中生存生活无论如何都无法回避的三大关系的正视和准确处理。这三大关系便是，人与自我的关系，人与他人的关系，人与自然的关系。据此，北京大学楼宇烈教授认为，中国传统文化的核心观念就是"为己之学，为人之道"。东北师大韩丽颖教授也认为，我国"传统文化"，区别于由古希腊文明开启的把认知、思辨和逻辑的力量作为理解世界依据、"向外部求真"的"理性世界观"和由古印度、古巴比伦文明开启的以超越于世俗生活的神作为理解世界的依据和尺度、"向彼岸求善"的"宗教世界观"，我们走的是另一条道路，那便是，我们是将人与世界、人与人的伦理承诺作为理解世界的根本依据，强调人的对"德"的体悟以及"德"对人的"完善"，也即"人德共生"的"德行世界观"。

　　做了这样的梳理，我们就会清楚，假如从社会的角度论传承传统文化，我们自然应该从文化"形""神"两个方面，认真研究，全面思考，该继承的要继承，比如国粹和一些传统习俗；该发展的要发展，比如武术、中医等；该创新的要创新，比如很多地方非物质文化遗产都可以在现代理念和技术的支持下获得新生。当然，优秀的传统精神尤需要通过主流宣传，通过传媒载体，通过产品推广，通过丰富多彩的艺术形式，在交流、体验中让全体国民逐渐认同，从而实现文化共识，同时获得精神的滋养。

　　那么学校教育呢？是不是也应该像社会和公共教育那样做呢？

　　学校教育是为实现孩子从家庭人向社会人过渡的最为便捷的桥梁和最为宽大的平台。它与家庭教育相区别，家庭教育主要是家庭成员通过身体力行、耳濡目染的方式给孩子以个性品德、待人接物方法等方面的教导和影响。其中受时空和家长自身素养的限制，家庭教育的意义和价值，一般指向家庭和小范围的社会，指向现实和生存生活的基本需求，指向经验和物质层面的实用。

　　学校教育为人的发展提供了更为广阔的平台。在这个平台上，更多地是为了获得未来社会生活所必需的生存生活能力和素养。学校教育中的基础教育，更是重在打基础，所谓基础，主要应是指作为人作为未来在世界上生活生存的人所必需的基本知能和综合素养。于是，基础教育的以国家课程为主体的各类各门课程的开设就是为满足这样的需要。在这样的课程实施和教学过程中，关注人的审美、思维和想象力的成长，关注人的人格、品德和精神的成长，这些综合素养中的核心元素，就成为理所当然，自应在通识的知能层面和精神价值层面的引领培养上着力。

　　从这个意义上讲，基础教育阶段学校中的"传统文化"教育，与一般的社会教育、文化宣传，与专事传统文化样式传布、普及的机构，有着显然的不同，基础教育学校所致力的应该是传统文化隐性的精神层面的教育。

　　在明确了"传统文化"的精髓，弘扬"传统文化"的意义以及学校教育弘扬传统文化的重点之后，我们可以对传统文化与学校教育的关系做出如下判断。

　　第一，精准定位：传统精神、传统价值观、传统文明风范，是学校教育弘扬传统文化的主要目标和任务。

　　文化几乎可谓是近乎"哲学"的上位概念，是指向古老民族精神和价值观层面的一种概括和表达。就一个国家和民族而言，文化当然需要也一定形成和传承下来许多合适的表达、精粹的载体，但从学校教育的角度看，绝不可以窄化和矮化文化已有的品质和品位。所以，进入学校，作为学校教育的文化，就不可以简单理解为"三教九流"一类的文化流派，某些流派的某些个性化甚至偏执的思想和观点；就不可以简单地理解为如中医、武术、地方戏曲一类的形而下的文化样式；也不可以简单地理解为某一个或者某几个思想家的代表性思想和理念。学校教育中最需要融入的应该是基于上述领域和方面的文化载体而凝练出来的共通的情感、态度和价值观。比如仁、礼、和、义、信等。其最为本质的特征是精神层面的抽象，最大范畴的认同。也正是从这一角度言之，片面地夸大国学，倡导读经，办儒学培训班，仿私塾和经院式教学，我们都必须保持必要的高度的警惕。

第二，清晰内容：优秀的古诗文，沙里淘金而有的经典文化著作，是学校教育弘扬传统文化最为切合的载体。

传统文化在学校教育中的落地，也需要最为合适的工具和载体。要求学生在少年时代过度接受抽象教条的说教，既违教育初衷，也难以让学习者喜闻乐见，必至于实施中难以落地，敷衍塞责。那么，就学校教育的特点而言，最能够体现传统文化内核又最为学校课程体系接纳的"载体"是什么呢？千百年的学校教育的实践一再表明，是经由大浪淘洗的优秀的古典诗文，沙里淘金而有的经典文化著作。这一点如今已成为很多中小学的共识。如今，大量的中小学在校本课程体系中，大多编有"国学读本""名著选读"等。但因为一拥而上，难免良莠不分、泥沙俱下。比如表达道家的某些消极避世观点的诗文被较多的选入，比如某些宣扬愚忠愚孝乃至执迷不悟的文图进入教学，就自然会带来认知、思维和价值观的混乱。这就需要如鲁迅所言的那样，对待传统文化，要"放出脑髓，运用眼光，自己来拿"，像毛泽东所言的那样"吸收其民主性的精华，剔除其封建性的糟粕"。去伪存真，去粗取精，可能是当前各地各校经典读本编写中必须坚守的原则。当然这需要编选者的慧目识真。

也还有一个问题，当国家课程编写体制做出重大调整，更多体现国家意志的文科教材编写权"上收"，传统文化内容在教材中得以充分体现。以最新人教版的语文教材为例，集中体现传统文化的经典文本已经接近教材选文总量的三分之二。学校是否还有必要兴师动众另编相关类读本，我觉得这需要各校依据学校特点、学生发展需求，做出慎重的抉择。

第三，在弘扬传统文化，强调民族精神的同时，吸纳域外古今传统文明的成果，这是传统文化与学校教育融合必须遵从的原则。

面向大海，可以春暖花开；兼收并蓄，取长补短，实现与世界先进文化的交融贯通，也是我国古老文化成长发展的传统精神。一方面，我们当然要通过古老传统和民族精神的弘扬，"文起八代之衰"；另一方面，西方人文传统、科学精神，同样是我们振兴和广大中华文化的力量之源。所以，习近平同志在各种场合，也反复强调"洋为中用、开拓创新"，做到"中西合璧、融会贯通"。所以，大力倡导传统文化进校园、进教材的同时，同样不能忘记，集中体现西方乃至世界法治文明、博爱情怀、质疑探究哲学和理性思想光辉的经典著作，同样应该占有重要的比例和份额。

第四，传统文化内容的教学，需要慎选策略和方法。

传统文化的到位落实，还是要在富于传统文化的各学科课程和活动课程的常态教学、活动中自然而然地实现，而不是另起炉灶，又自成一体，过多地增减学生负担。传统文化进校园原本是为了学生身心更为健康发展，决不可画虎不成反类犬，将这样一顿高尚的教育精神大餐，做成一锅稀里糊涂的麻辣烫。传统文化的教育融入，是学校教育内容的一次深度变革，应该如"好雨知时节""随风潜入夜，润物细无声"，而不是兴师动众，电闪雷鸣，高调空喊，一窝蜂，大呼隆，形式主义，只会走过场，最终毁掉的还是传统文化本身。

适合学生的身心特点、认知规律、学习规律，在平时的学科教学中，较多地挖掘教材中已有的传统文化教育资源，有所深化，着力强调；也或者根据教材的特点和教学的需要，可以引入传统文化的内容，有机迁移，融会贯通，以实现潜移默化之功。一言以蔽之，不总做加法，不增加负担。传统文化的融入应该让学生更加身心健康，学习生活更加愉悦快乐。

第五，教师自身的"传统风范"和"文化品格"的修炼，是传统文化与语文教育融合的根本。

按照韩愈的"教师观"，"传道、授业、解惑"三大功能中，"传道"之"道"应为"传统"之道，"道德正义"之道。若是"传道"者，本身不知"道"，不行"道"，又何以"传"之？在传统文化融入学校教育的过程中，由于语文和其他人文学科的"人文教育"功能，文科教师就应该比一般教师更加儒雅，更加温良恭俭，更加具有传统道德坚守，更加具有人文和家国情怀；他们更应是进德修业、待人接物、立身齐家诸方面的楷模。

哪里仅仅是文科教师，所有的教师都应该是传统文化的代言人。基础教育课程体系中充满文化意味，充满人文精神，教师天文地理、道统历史、民俗风情，均有知晓；四书五经、秦汉文章、唐宋诗词，无不精通。教师还应是传统教育思想的传承人。尽管单一的死记硬背不足取，但积累、熟读成诵、品味感悟以及理解基础上的阐释"评点"、质疑问难等读书作文的传统方法，恰恰是我们今天可以学习借鉴，有些正可以改善现实应试所致的单一、枯燥、乏味的课堂和教学生态。

教师应该有科学的"传统文化观"。现代化，虽言"现代"，但都是从"传统"而且主要是自己的"传统"中"长"出来的。尽管我们也应学习和借鉴世界先进的古今文明成果，但"根"一定是中国的传统。即便是中国古老的"传统"，比如儒、道哲学中的很多思想观念，从国际视野看，很多也就是"普世价值"。当然，也永远不要忘了，传统中也有不少腐朽的糟粕，一味地"照单"全拿，不知"运用脑髓，放出眼光"，去粗取精，去伪存真，自将贻害无穷。

这许多年来，基础教育学校负担、学生负担问题成为全社会关注的重点。"减负"几乎每隔一个时段都要被特别高调"重申"的热门话题，但问题几乎从未有过实质性的解决。问题的症结出在哪？应试当然是元凶和祸首。可问题是，假以上者指令，却实际被某些歪嘴的和尚念歪了经的情况也时有发生。每过一段时间就会出现的什么什么"进校园"就是其中的一例。

精准领会和解读中央高层关于传统文化与教育关系的讲话精神，精准做好传统文化进校园的"教育安排"，学校教育和与学校教育"利益相关方"需要三思而慎行。

梦见总书记做了一个"中国教育梦"

　　几位语文教师朋友在一起突然聊起现实教育应试的"不堪"，有人说，我们现在的教的语文，给孩子的语文，实际哪里还是语文，早已异化为纯粹应试的语文，毫无实用意义的语文。比如从小学就开始的写作教学，都是要按照命题者的意图和阅卷者的意图在言说表达。初高中的作文应试套路、格局甚或模式和句式，都是严重缺乏人性、个性，严重背离母语的基本规律和规范的。每隔一个阶段，作文教学都会流行起一种模式、一种语体、一种表述方式和风格，哪来的？就因为高考或者中考作文阅卷者的个性、话语导向和推荐发表的应试作文使然也。

　　语文教师不是为着孩子将来生活和工作、人生和社会的需要在教学和引导学生好好说中国话，把中国话说好，而是围绕着命题人、阅卷者的个性风格在揣摩、鼓捣，这哪里还是母语教育？作文阅卷老师也有责任，总以阅卷人的身份，按照一己对于作文教学甚或仅仅是阅卷倾向和个性追求，引导甚或误导老师，进而误导甚或戕害孩子。

　　问题的关键是，应对考试，是语文教学的目标吗？讨好阅卷者，是我们教学的追求吗？我们究竟需要培养孩子什么样的写作能力和母语表达能力？

　　言说者很气愤，有人跟着应和，我们还得在这样的教学中艰难度日许多年，这真是应了古人所言，"此恨绵绵无绝期"，我们语文老师早已不是活的自己啦。这样的教学不仅是谋财害命，也是自蹈死地。

　　这时有一位老兄慢条斯理地发声了。大家不急，巧了，昨天夜里，我做了一个梦。这可是按照总书记习近平同志"中国梦"的指示而孜孜求之，而终于有所收获。而且此梦巧了，还不是一般的梦，梦到的也不是一般的事，更不是一般的人，但又与各位的苦恨极有关系。且听慢慢道来。

昨晚不知为什么老是不能入睡。也不知为什么怎么就一下子到了早晨，地点也变成了北京，我竟然斗胆跑到了政治局常委们开会的会场。原来总书记正召集常委开重要会议。只听得总书记深沉而略带点急迫的声音传来。

同志们，把大家召来，是因为我昨天晚上没睡好，做了一个梦，梦到几位老一辈革命家在一起议论我们的教育问题，对应试这样一种现实教育的取向，他们都义愤填膺，都觉得是目前中国不能不解决的问题。不知各位有何高论？

见总书记的态度很是明朗，而且是如此着急的开会讨论，大家并无异议，很快决议，由国务院相关分管领导，指示教育部，用最快的速度，立马从根子上彻改教育的应试现状。此一问题，限定三个月内要有起色，半年内要有明显变化，一年内基本到位。同时启用问责制。

结果非常光明，教育部在部长袁贵仁同志的英明领导下，立即召开电视电话会议，传达中央政治局会议精神，要求全国教育行政和学校全面向教育的应试宣战。而且问责到人，问责到学校。

这位老兄最后说，到此一步，我作为一个老师，真的是激动万分，感恩戴德，哪知一兴奋，醒了，原来是在家里的床上，屋里屋外依然一片漆黑。但那一夜的后半夜，无论如何再难入睡。

这一位语文老师的"奇幻"经历带给我很多的深思。

我做教育30余年，假如把前后分成两个阶段，那我是亲眼看着从20世纪90年代中后期开始，基础教育如江河日下，一步步快速滑向"应试"的泥淖，几乎从未有缓行和止步的时候。如果说有改变，那就是一般出现在红头文件中、领导人的讲话里，还有就是一层一层的总结报告中。这真合了当年流传的一个段子：一级骗一级，一直骗到某主席。但我知道，喊出"中国梦"的习主席，似乎不大好骗，从其掌舵以来的一系列举措看，真刀真枪，改革深化，法治中国，反腐，简政，放权，脚踏实地，渐走向中国梦的方向。

这真是大胆妄为，自作主张，怎么就做出这样的梦了呢？真是得罪天上去了。但我也总是按照总书记的要求，努力地做着中国梦，不知为何，居然梦到了总书记做中国教育梦。这大概是我觉得教育问题如此严重，如今少有实质性的动作，心里着急上火，于是有此奇梦。但倒是一个好的兆头。至少我心表明，应试的恶瘤最终总是要割除的要解决的。你想啊，从中央到地方的腐败，只有发展到周永康时代，只有到了极致和顶点才会在习李新政的背景下得以解决。物极必反，教育又何尝不该是如此呢？

是啊，大家的议论可能还只是从语文教育这一门学科而言，实际是，应试已经几乎摧毁和改变了中国传统教育、现代教育好不容易积淀起来的一点点儿宝贵财富和经验，应试已经将中国孩子的个性和创造性消灭光了。所以，北大的教授才说：中国孩子只要在中国学校接受完了基础教育，今后，哪怕他到世界最一流的高校去接受高等教育，他一辈子都不可能获得世界顶级的自然科学奖。这是为什么呢？因为我们的教育，把孩子的个性都"修理"光了。

这句话尽管有点偏激，但还是道破了部分的事实。应试的一元，为着考试而教、而学，考什么，便教什么，学什么，对着标准而思想，而设计，最后应付考试，这当然只能培养出认同、服从和集体无意识，这当然只能培养出被动、消极和"一切行动听指挥"。（这在政治的某些领域和军事、战争下倒是必需）没有个性，何以能够产生创造的火花，进而有创造发明，那如何能与世界顶级的自然科学奖谋面呢？

而"应试"的几乎绝对功利，让分数成了很多老师和校长的不分青红皂白和没来由的"追求"，什么个性成长和发展，什么实践能力和创造精神，统统让到一边去。想课上和课余时间看点课外书的，想搞点什么创意甚或小发明的，一进入初中和高中，那还不"蟑螂死光光"。课堂中对老师的观点提出不同的意见，有点求异思维；有的学生有一点儿偏激，有点直率，有点不给老师面子，在当下的学校生态中，还有多少生活生存的空间。所以，说个性被"修理"，真的是逼真极了。

另一位社会学家、中国社科院的资中筠先生也说：中国的教育，从幼儿园开始传授的是完全扼杀人的个性和创造性的极端功利主义，如果再不改变，人种都会退化。

功利和短时的实用，已经成为学校教育尤其是"思想政治工作"的基本面，言必称"利己"，言必称"为你好"，还有什么精神底子，人生理想，全为了个人生活的实惠、利好。这样的基础教育能够把孩子带向何方呢？

所以北大的另一位教授曾经非常痛心地斥问某项高校在人才培养尤其是道德培养方面的失责：一些高校培养出来的很多是高智商的精致的利己主义者，这样的高校究竟是在干什么呢？

哪里仅仅是高校的责任呢？从幼儿园开始的应试，本身就是功利的出发点和起点，几乎与"跳蚤"伴生，一路扶摇而上，还能走到"龙"的世界吗？

　　摧毁教育的价值，摧毁人性，摧毁人的自由、放任的个性品质，只是在培养轮回般的低级生命的存在能力，只是在造就苟且偷生的寄生虫般的人种，这样的教育还不该改变吗？

　　我们都希望习总书记真的能够像铁腕反腐一样向教育的应试动刀子。这个梦做得越早越好，这把刀子举得越高越好。

第二篇
突破与重构

"教育均衡"中的"问题"与"解决"

近许多年来经济的高速发展尤其是经济总量的急剧上升，给中国社会政治文化尤其是教育带来深刻的变革。尽管 10 余年来，中国基础教育的问题不少，饱受讥议，但基础教育几乎一天也没有停止其改革的步伐。从素质教育的目标定位，到课程改革的策略配套，从国家教育投入的逐渐增加、区域教育均衡的推进，到国家中长期教育改革和发展规划纲要中"城乡教育一体化"的鲜明"亮相"，我们可以十分清楚地看到，近年来，尤其是《国家中长期教育改革和发展规划纲要》颁行以来，基础教育的改革已越来越渐近或者说直抵其症结和问题的"核心"。

观察：农村教育问题沉积后果严重

改革开放 40 余年特别是 20 世纪 90 年代以来，涉及千家万户的教育，是在"一部分人先富起来"与追求"共同致富"的博弈中前行的。区域之间、城乡之间、学段之间、校际之间，差异是一种客观存在，因不同的时期、不同地域的经济投入水平和教育政策导向，有或高或低的不同，却很少有真正解决的成功案例。尤其是城乡教育之间，如果我们把中国最落后地区农村的教育与最发达城市的教育相比较，那简直是天差地远。即便是同一区域的同一类学校，那也是千差万别，以中部某省会城市的重点高中为例，最好的一所高中，其教师中特级教师达到近 40 人；而一般的高中呢，可能很难有一名特级教师。可以想象，同一区域的城市和农村的教育，其间有多少差距。所以，教育部部长袁贵仁同志就任现职后不久曾说，中国教育当前存在五大问题：素质教育推进困难，学生社会适应能力不强，教育体制机制不活，城乡、区域和学校之间教育差距大以及教育优先的战略地位尚未完全落实。①

于是我们就很好解释如下一些现象。

农村学生对高考的热情似乎每况愈下。据相关资料，从 2007 年开始，中国放弃高考的学生每年递减达 30 万之巨，而 2011 年比 2010 年则一下子减少了 80 万；而且在被录取进入高校的学生中，每年弃学的人数专家的测算是 50 万左右，"教育部有关负责人指出，近年来高校普通本专科学生中，每学年因各种原因退学人数约 16 万人"。②这每年百余万弃学弃考的，绝大多数是农村学生。

重点高校中农村孩子占比呈逐年急剧下降之趋势。北京大学教育学院副教授刘云杉统计 1978~2005 年近 30 年间北大学生的家庭出身发现，1978~1998 年，来自农村的北大学子比例约占三成，20 世纪 90 年代中期开始下滑，2000 年至今，考上北大的农村子弟只占一成左右。清华大学人文学院社科 2010 级王斯敏等几位本科生在清华 2010 级学生中做的抽样调查显示，农村生源占总人数的 17%。那年的高考考场里，全国农村考生的比例是 62%。不仅仅是北大清华，教育学者杨东平主持的"我国高等教育公平问题的研究"课题组调研得出，中国国家重点大学里的农村学生比例自 20 世纪 90 年代开始不断滑落。时任总理温家宝也感慨："过去我们上大学的时候，班里农村的孩子几乎占到 80%，甚至还要高，现在不同了，农村学生的比重下降了……本来经济社会发展了，但是他们上高职、上大学的比重却下降了。"③县市区重点高中农村孩子的占比也开始有所降低。名牌大学农村学生的比例急剧下降，而在一个市、一个县，重点高中农村学生尤其是农民孩子的比例也呈逐渐下降之趋势，大量的农民子弟、农民工的子弟由于乡村小学和初中教育与城镇的较大差异，由于家长的文化层次、对教育理解和重视程度的因素，还由于社会关系和经济条件的因素等，就读重点高中的概率越来越低。

择校在无论城市还是农村总是高烧不退。因为上述的一些因素，因为各级各类学校间的差异分化，导致面广量大的择校现象每年以形形色色的方式涌现出来，有条件和没有条件的家长，一旦孩子临近毕业，如热锅上的蚂蚁，找关系，托人情，行贿赂，目的只有一个——择校。

出国留学学生学段越来越低，年龄越来越小。近年来，一方面跨区域的择校依然难以遏制，另一方面，在经济发达地区，一部分经济条件稍好的家庭，积极设法将孩子送往国外读初中、读高中的，比例在持续攀升。这是很值得政府和社会各界高度关注的问题。

问题的症结在哪里？根子在机制上，体制上，根子在城乡教育和区域教育的发展不均衡或者说很不均衡上。

分析：现行促进教育均衡的制度和策略不足明显

实际上，从中央到地方的各级政府这许多年来，为教育均衡所做出的努力是有目共睹的。笔者所在的江苏省，就通过省财政和地方政府、学校等多方努力，积极开展了从校舍、教学设施等硬件配备到教育人力资源——校长和教师队伍培训并对口支持等的"教育公平运动"，并已取得较为明显的效果。到2009年前后，江苏全省，从小学到高中，几乎苏南苏北所有的学校，无论校舍还是相关的办学设施基本做到了配备标准和水平一致，而且苏南地区以大市为单位，优秀学校对苏北地区学校的支持，落实得卓有成效，区域之间教育差异的状况有所改善。但是这些举措有没有从根本上改变江苏教育区域之间、学校之间的差异呢？显然没有。

问题究竟出在哪里呢？

当然不可回避有高校招考的体制问题，比如省市际之间的录取政策不一致、标准不一致，牵涉到教育评价的不公平；当然有各地经济发展水平所带来的局部地区教育投入、教育重视程度差异的问题，这既有政府的、传统的、家庭的因素，也有社会的、环境的和习惯定势的因素；正好像国家财政将高校建设资金的重头投向清华、北大，其直接的后果就是进一步扩张了校际之间的差异，弱化了这两所学校的自主造血功能和发展内驱力一样。

这些诚然需要在上者顶层设计以及在此设计下的长时间的努力推进，才能加以解决。问题是，在这一进程中，有些被称道的做法和经验仍然有许多值得我们检讨的地方。

中共中央、国务院1999年颁布的《关于深化教育改革全面推进素质教育的决定》，明确要求，各地要制定政策，鼓励城市教师到农村任教。城镇中小学教师原则上要有一年以上在薄弱学校或农村学校的任教经历，才可被聘为高级教师职务。[④]2006年2月，教育部下发《关于大力推进城镇教师支援农村教育工作的意见》，对城镇教育支援农村教育做出了具体详细的规定。[⑤]根据中央和教育部文件精神，江苏省根据江苏教育的实际，启动实施了"千校万师支援农村教育工程"，在苏南和城市的义务教育阶段遴选千所优质学校、万名骨干教师，与苏北农村千所薄弱学校实行全方位"校对校"结对帮扶的大型支教项目。[⑥]问题是，这些工程和策略在实施过程中，出现了一些意外的情况。

在全国各地的"对口支教"中，尽管有一些比较优异和成功的实践，但不少"支教"行为存在"劣势出口"的现象。实际上几乎在任何一所学校，都是有所谓的把关教师，带头人教师的，都是有经验不足、能力一般的老师的。优秀学校的对口支教主要是通过老师的交流来实现的。笔者在调研时发现的真实情形是，多数对口支教，优秀学校派出的多半是层次一般的老师，很少有一流或者是比较一流的老师的。这既有少量派出学校校长个人的因素，又是学校教学工作的特点和客观实际决定的。任何学校都希望自己的教育教学质量与日俱增，而任何学校都不可能说我的优秀老师有"过剩"和"零余"。

在少数区域，"一体化"被庸俗地理解和执行为十分粗疏和简单运作的"公司、集团化"。基础教育阶段，学校集团化，本身就是一个怪胎，因为从教育规律而言，规模适度，才可能育人到位。在西方的一些中小学，校长认识和熟悉所有的学生是十分正常和普遍的。而在我国，有些学校里，校长能够叫出学校中所有老师的名字就是很了不起了。集团教育，假如仅仅是民办学校也就罢了，偏偏在均衡的旗帜下，不少县市区，一夜之间，在教育行政部门的主导下，组建起以少量优秀学校为主体的"某某"教育集团。"某某"是优秀学校或者名校的名字。其他被网罗进来的学校一律更名为"某某"的"某校区"。这后一个"某"，则是被网罗进来的一般学校的原校名，算是留其一脉。原有的管理、人事、教学等基本不变，只是多了一些联谊、互访、交流。社会和家长都知道，这样的均衡和一体，基本是换名不换实，可以作为落实均衡教育的案例和经验向上汇报，供专家分析和研究，绝对不可以当真，以为从此本区域的学生真的享受到了"均衡教育"一体教育的恩泽了。

在个别县市，教师城乡交流制度因为种种人为的因素沦为摆设，执行操作过程中因为许多的"变通"变得没什么意义和价值。比如新分配教师必须到农村学校工作数年才能进城制度。乍一看来很有道理，基层锻炼，支援农村，但细想来，农村教育本就落后，总是让新教师上岗，作为练兵的平台，这是改善和提升农村教育的层次，还是降低和稀释其本就不高的素质"浓度"呢？答案不言自明。比如面向农村的城市教师招考制度，虽然为农村教师的成长搭建了台阶，可以激励农村教师的发展热情，但这恰恰是在向农村教育"抽血"，不断地周而复始地削弱农村教育。最要说的是城镇教师农村工作经历制度。表面上看，也很有意义，但一到具体操作，问题便层出不穷。城里学校的老师怎么安排出来，到农村学校又怎么安排教学，相应的，那农村学校替换出来的老师又如何安排他（她）在城里学校的教学呢？那城里的老师到农村学校纯粹是为了完成那一个规定死的"经历"，是一种短期的"插队"，自然不可能定心和尽力，那农村进城的老师知道到城里的学校不过是"顶岗"，也很难适应和用力。于是这样一种表面光鲜的机制设计，给学校和学生带来的结果便可以推知。你可以想象，不论是谁，只要他把目标和理想定向于"城市"，那么他的最辉煌的教育一定不是发生在农村学校的那一段历史里。于是，农村学校教育的遭遇和结果就可以推知了。

设计：教师均衡配置的策略和方法

城乡教育一体化是伴随着党的十七届三中全会提出的"城乡一体化"的战略，在总结了"教育均衡"的实践之后有针对性的提出的一种发展新战略。它"是通过'城乡统筹发展'的方式，通过城乡教育的双向沟通、良性互动，实现城乡教育均衡发展、缩小城乡教育差距的目标"。⑦其中的关键在"一体"。"一体"，是它不仅提出了城乡教育发展的目标，也是实现目标的模式和思路。就一体的实现而言，最为关键的策略是"均衡"，而只要是真的从事教育活动的人都知道，城乡教育发展到今天，关键的关键，在教师。教育的"均衡"，主要需要解决的是教育的人力资源——教师的一体和均衡问题。

教师均衡，严格意义说来应该全称为教师资源的配置均衡。而真正意义上教师配置的绝对均衡又是不可能的，因为人力资源的内涵很难以数字来量化平均。但是在一个相当范围的区域，用一个大家公认的相对标准，是可以做到相对区域的城乡教师配置达到相对均衡的。比如香港特区在数十年前就已经实现了整个区域的教育均衡。2000年，笔者参与港岛教育署"地区教师交流计划"，应邀在香港核心区域的圣马可中学和新界的另外数所中学指导香港语文教材的编写，深感香港尽管区域有别，但教师层次相当，教师流动也很自由，教学质量也基本接近，少有如内地这样的巨差。原来港岛的教师配备，主要是依据教师年资的高低来调节，同类型和同学段学校的教师按照年资分段，各段教师的比例基本一致。另外占有一定比例的具有硕士文凭的教师，也统筹调配，使各校数量和教师占比大致相当。

我们今天的情形与十余年前的香港可能还不完全是一回事，但在局部范围尤其是经济发展水平较高的某些区域，选择符合我们内地教师实际的标准参照，稳步、慎重地实施区域教师的均衡配置，我觉得已经具备了条件和可能。具体的实施策略是：根据内地教师普遍实施的职称制度，按照职称的高低，重点将高级职称教师和一级职称教师作为主要的均衡系数，中学一般重点放在中学高级和一级职称的教师，小学则重点放在小学高级和一级的教师。如果从学位的角度，则无论中小学都要关注本科毕业和教育硕士学位的老师，同时兼顾教师发展的阶梯性称号如特级教师、省市县区级学科带头人和骨干教师等因素，面向区域城乡所有的学校——也需要按照学段分类为小学、初中和高中，统筹考虑，整体规划，按比例，均衡配置教师。至于具体配置的办法，只要根据教师的职称、教龄等作出规范的比例安排就可以了。

这一计划应由教育行政部门决策并主导，由教科研机构研制策划方案，在相关组织、监察、督导机构的联合协助支持下组织实施。

在具体的实施过程中，还要注意下列一些问题：

广泛的思想动员是关键。在今天，应该在广大教师中，倡导公平观，培育人文素养和师德修养，旗帜鲜明地弘扬吃苦耐劳、勇于奉献国家和人民的精神。要通过教育行政的努力尤其是优质的管理性服务，让所有的教师从中国教育现代化和中国社会公平化的高度认识教育均衡一体的重大价值和意义。

充分的意见征求是前提。可以根据教师的基本条件，比如家庭情况、居住地情况，在统一安排教师去向时酌情考虑。给予教师选择的空间，并尽可能满足其合理的选择应该是我们今天做任何事的出发点。

严密的程序设计是关键。在具体的执行过程中，合理科学的执行细则、组织纪律的保证、公开透明的实施过程、相关机构的监督则是成事的保障。这实际是一切行事的基本要求。

均衡配置教师资源的前提是取消义务教育阶段的重点学校制度。这一问题在今天已经逐渐达成共识，少量地区发生的这样那样的问题都不是教育本身的问题，而是教育之外的因素在作祟，比如，利益集团、个人私利等。可以想象，假如一个小规模的区域，所有小学和初中都分布在城区，均衡配置教师应该是没有多少难度的。

评估：教师均衡配置的可能性和可行性

这显然是一个理想的教育状态，或者说是一个相当理想化的设计。但是当你把眼光局限于一个相对狭小的区域，了解今天社会发展的背景和其他种种因素，会发现这样的理想变成现实不仅可能、应该而且十分可行。

其一，已经和正在实现的"城乡经济、社会一体化"为教师均衡配置奠定了坚实的物质基础。城乡一体化在今天中国的很多区域尤其是发达区域，早已实现。在我国东部地区，其经济水平已经接近、相当或者超过了西方很多发达的经济体，城乡一体化水平相当高。比如，随着经济水平和政府公共服务水平的不断提高，同一区域中，城乡间的交通问题越来越快地获得解决，区域的空间距离不断缩小；一小时、半小时"城市圈"的概念很多都成为现实。而随着待遇的改善，很多教师都有了私家车，城里和乡村居住的老师"错位"工作，可能导致的"两地分居"，"无以为家"，早已成为历史。而城乡教育一体化是中央写入中长期教育改革发展规划纲要的决策，在这样的背景下，城乡教育一体化，城乡教师均衡配置，几乎不是什么理论、理念问题，就是一个实践和操作问题。

其二，绩效工资制度的实施为教师均衡配置提供经济条件。绩效工资之后，在很多区域，特别是同一个市或者县范围内，教师的工资待遇可以说几乎完全在同一个水平状态。在同一个区域的不同学校工作，其工资收入的差异很小。可以设想，假如实行教师工资卡制度，在市或县级范围内统一管理，几乎没有任何体制、机制和政策的障碍。于是教师区域内的自由或者说行政主导的流动，就是水到渠成的事。

其三，现代科技的进步，让地球无论身处何处的人们获取知识信息都十分便捷，文化资源、生活资源以及其他社会资源的城乡共享，也都没有任何阻隔。如果不是教师自身生存理念和生活方式的问题，身在某一区域的乡村教师与城市教师几乎不应该有任何工作、学习和生活质量的差异。

其四，乡村文明独特的个性魅力，乡村文化淳朴、本真的特色，乡村百姓的善良、厚重，乡村的蓝天白云，乡村的静谧纯美，很多恰恰是我们教育所要竭力追求的东西。而且在我们的老师中，许多人热爱乡村，以为它是现代文明最后的"桃源"。也就是说，农村学校，可能恰恰对为数不少的老师有着很大的吸引力。当"教师配置均衡"成为城乡教师一体化的策略开始实施，对于这些老师而言，恰恰是"成其之美"。

保障：教师均衡配置的政策支持

均衡配置教师之后，尤需要倾斜乡村教育和学校的政策制度的支持，才可以保证城乡教育一体的可持续发展。

第一，根据区域教育长期发展规划，科学、到位、较快地推进区域教育特别是义务教育阶段学校的布局调整工作。这主要是数字化的分析工作。通过人口普查后区域人口未来数十年的增减走势分析，比如经济发展带来的人口流动因素等；通过对国家、本省和本地区未来教育发展规划的解读分析，比如学校规模、小班化教学等方面整体安排等，在原有教育格局的基础上，前瞻思考并规划，布局好本区域学校，从数量到规模，从选点到建筑，从面积到硬件配备，一步到位，力求均衡。特别是就一些规模较小的区域，应该在区域经济发展较为强劲、城镇规模扩张较快的地方，力求将义务教育阶段的学校基本安排到县城周边，这一方面便于教师的配置、流动，降低各方成本，另一方面，可以让所有的农村孩子早日享受到城市文明的光辉。

科学的布局调整是教师均衡配置、城乡教育一体化的关键。现阶段，我以为所有的区域都应该将此作为中国教育的战略予以高度重视。目前，可行的设计和安排是，布局调整每成熟一处，一体化教育就认真扎实地推进一处。

第二，取消基础教育阶段尤其是义务教育阶段的重点学校制度。高等教育大众化的今天，义务教育阶段甚至高中阶段教育普及、均衡，取消所有学段的重点学校，走出所谓的精英教育的怪圈（事实是，我们实行了几十年的这种教育恰恰未能培育出国际一流的精英），早已"万事俱备"，只欠"决策"的"东风"了。这当然需要当政者对于自我利益的牺牲。

第三，实施严格的划片招生制度。教师均衡配置后的学校，从教师方面而言，整体上看，表面上看，没有了差距。但是同样层次的教师仍然有名气的大小，教学风格的不同。家长千方百计选择教师和班主任，现下已是学校中司空见惯的情形。严格划片，公开报名，网络公示，制度管理，公开公平，阳关运作，既有利于学校管理，也有益于社会稳定。

第四，建立科学的教师均衡、流动管理机制。上言均衡配置只是一种静态的描述。实际上区域内的城乡之间，教师群体内部从来都是处在高度的流动状态的。即使是最均衡的区域学校，一定的时段之后，这样的均衡总会被打破，比如不同学校教师发展的差异，教师退休，少量教师某些特殊原因的调离、辞职，都会带来这种结构的失衡。在这一问题上，可以学习发达区域教育均衡的通常做法。比如香港的学校，主要是通过学校自主，在确保均衡的前提下，允许校际之间、教师之间协商、协调，自由流动。我们则可以一方面尊重教师间、学校间的自主自由的流动，前提是对等、确保均衡不被打破；另一方面，教育行政部门保留监督的权利，保留在更大范围内调控的权力。比如当某些学校高端教师出现较大增长的时候，教育主管部门就必须行使行政调动调剂的权力。

第五，建立倾斜农村、较大力度的教师奖励制度。根据城乡之间的经济水平和文化生活等方面的差异情状，需要建立一系列的奖励制度以弥补在农村学校工作的老师，这实际也是在现阶段提高教师待遇的一种措施。因为既然是一体化，只要你愿意，所有的教师应该都可以有机会到农村工作。一是工资提档制度。根据艰苦程度，根据教师自愿程度，也根据财力情况，确定合理、可持续的提档幅度。二是车旅和住房补贴制度。在农村工作的老师根据距城区远近程度，科学测算每月固定发给行车津贴，津贴以最高的行车方式发放。农村老师应该和城里老师一样享受相关的住房补贴。鼓励教师在乡村建房和购房。比如具备一定年限的乡村工作经历就可以获得一定的奖励。三是优先安排各级各类评优制度。改变优秀学校垄断各级各类评优项目的现象，一方面要努力均衡安排，另一方面要努力优先安排农村学校，重点是数量和质量的保证。要让农村教师享受到比在城里工作的老师更多的荣誉，更多的实惠。

第六，为所有的学校提供完全一致的教师发展平台、机会和服务。在传统的教师发展和培训工作中，有一种现象值得关注，薄弱学校之所以薄弱，既有先天的因素，也有后天的因素。弱势学校由于经费、区位、校长理念和思想等因素，所获得的教科研资源和培训支持相对于强势学校要少得多。在教师资源均衡配置的背景下，相关机构应该在行政部门的统一安排和协调下，一方面均衡分配相关资源，追求服务的公平；另一方面，要充分满足和支持弱势学校的提供服务的要求，要主动提供可以提供的支持项目。除了教育行政部门提供的行政支持的管理服务外，包括教科研部门和电教部门应该努力转变工作方式方法，淡化和弱化"大班化""轰炸性""规模式"教研活动，努力适应校本研修制度的需求，尽可能为所有的学校提供必要的优质的服务，尽量满足各学校发展中的个性化需求。特别是加强对个性化学校、个性化教学和个性化教师的研究，为每所学校的每一个教师的发展提供切实有效的服务。教育行政部门教师研修机构、培训中心应该一视同仁地做好培训的项目支持工作、经费保障工作和其他服务工作。

中国的问题，问题的解决很多都不是理念和理论问题。道理很简单，被理论证明了的最先进的最优秀最成功的实践都在那里摆着，正好像当年的张伯苓的南开中学，所从事的教育实践，直到今天还被如时任总理温家宝和叶笃正院士所深深铭记，而且坚信今天的教育只要如此而为就能走出教育的困局。同样中国的政治、经济、社会问题的解决也应如此。问题是，现实中，我们看到围绕教育一体化和教育均衡的理念、理论、交流、研讨非常多，但是各地迄今为止出台的措施、策略和方案非常少。更不要谈经验的介绍和推广了。问题出在哪里？是知其不可为而不为，还是知其可为而不为？

本文提出一些可以操作的设想，供决策者参考。

【注释】

①在《国家中长期教育改革和发展规划纲要（征求意见稿）》公布时，教育部新任部长袁贵仁同志讲话。

②《张立美：大学生退学重点不在数量而在成因》，人民日报社《思想理论动态参阅》2011年第43期，2011年11月7日。

③2008年12月，温家宝在国家科技教育领导小组会议上的讲话《百年大计，教育为本》。

④《中华人民共和国国务院公报》1999（21）:876

⑤《中华人民共和国教育部公报》2006（Z2）:28

⑥《大力推进城镇教师支援农村教育工作切实提高农村教育质量》，《中小学教师培训》2008年第7期。

⑦《理念变革与制度创新：从城乡教育均衡到城乡教育一体化》，《复旦教育论坛》（沪）2010年第5期。

也说教研室、教研员"传统"的功能定位

与一般的教育事业单位有别，教研室是依附教育行政同时又能够对基层学校直接行使一定教学管理权限的机构，其主要的职责是围绕所辖区域学校教学工作开展"指导"。所以在很多教育行政官员的认知里，学校教学质量的问题，主要是由教研室负责。

在如今省、市、县三级教研体系中，由于从上至下体制改革、职能转换、简政放权、校本研修和现代学校制度逐步建立等多种内外部因素的"合力"作用，仅有地市级的教研室功能和价值发挥尚显正常。但即使如此，这一类教研室和教研员的尴尬也常有显现。比如，这许多年来，逐渐降格为以分数为衡量标准的教育教学质量问题成为家长、社会和行政关注的焦点，每年的中高考一结束，学校间、区域间的排名比拼大战随即打响，常常发展至白热化。一旦某一区域质量出了问题，或者排名位次掉队了，或者高分段人数减少了，或者重点类学校录取人数下降了，始而家长和社会，继而教育行政，直至党委政府的，其"问责"之声便排山倒海而来。那么这类教育教学质量问题之"责任"应该由谁来"担当"承受呢？是学校？是教育行政部门？还是其他什么人呢？在很多地区，几乎约定俗成的，都是教研室乃至教研员。

笔者当年去某地级市教研室、教科所工作便是应此"运"而生的"临危受命"。待一年半载之后，当我终于知道教研室并非我想象中的"研究"机构，终于发现该机构工作如上所述的艰难以及如此艰难的"秘密"，还是觉得紧张和不可思议。但转而一想，这也不是一点道理也没有啊。学校的事务当然有学校校长和教师，教育行政的事务当然有教育行政官员，单独设立一个专事教学指导并管理的业务部门——这可是当今世界所有国家中几乎独一无二的，就是要你对区域教学工作予以研究和指导，质量问题怎么可以跟你没有一点儿干系呢？当

然，教研室也有说辞，我教研室又不管理学校，教研员又不直接教书，我在行政的领导下从事的是面上的工作，从不越俎也不越雷池，怎么叫我来代人受过呢？

这真是"公说公理，婆说婆理"了。问题之解决，我以为还是得"反其本矣"。这个"本"便是设置教研室的本旨所在，那便是"研究、指导、服务"。尽管教育教学及其管理、教育技术及其应用不断发展进步，但这一功能定位似乎并没有过时。我以为，教研室、教研员假如准确理解好践行好这一功能，我觉得，"公""婆"双方都应该会满意的。

先说"研究"。教研室教研员之"研究"，应该是一种怎样的研究？假如把教育的研究分为专业的和"业余"的研究两种，我觉得区别于高校以及科研院所的研究，教研室的研究应该是一种业余的研究。假如说专业理论工作者是从理论和理想出发，构筑的是教育的"琼楼玉宇"，那教研员便是从现实和感性出发，以超乎一般一线老师的"理性"，引领教师从"建构"一砖一墙的坚实和美观做起。我以为，除了一般的教学常规类工作，这一研究一定是基于"教学实际"，比如课程设计、教学计划安排、教材研究、课堂教学研究等，从"具体的教学问题"出发，通过教师参与的研讨，由点及面，达至某类问题解决和一批教师教学能力和素养提升。如此说来，教研员应该就是教师，不过他是先知先觉的"师傅"。从这一意义而言，教研室的"研究"，是一种实用乃至有点功利的研究，是为了更好地进行"指导"功能实现的基础。到有些区域调研，有教育局领导说，我们的教研员个个都是很专的专家，学位高，出书多。"帽子"高，名头响，好虽好，但也有些就是难以转化为全体学科教师的"生产力"，区域整体教学水平难以提高。我想，这评价难免片面，但也一定程度上反映出部分教研人员"研究"价值取向上的问题。

再说"指导"。所谓"指导"也就是指引、领导，重要的是看被指导者的收获和认同，其关键在"切用"和"有效"。现在看来，如前所说的"公婆"之争，其焦点就在这里。在不少教研室的教研工作中，一般的常规性"安排"和指令性工作做得多，教学活动中发生的问题的研究分析、教师发展中迫切需要解决的问题的短平快的对症下药比较少。大规模的具有宣传效应的"高峰"论坛、某某"运动"比较多，针对个别、真实、直接影响教学效果的问题的现场研讨、交流比较少。其原因一部分是由于少量教研员缺少实践积累，一部分就在于某些教研员走进教学实境、亲近教师劳动不多，从本本和概念出发、从历史和经验出发比较多。关键是缺乏前此实际问题的研究的"奠基"。可见，不断提升"指导"的针对性和实效性，让被指导者喜欢和渴盼被指导、热爱和尊重指导者，是最为重要的。

什么样的"指导"才是最接地气、最受被指导者欢迎的指导？

最后是"服务"。这可能是"习李新政"下中国式行政如今言说最多的话题。就教研员而言，实际上要解决的一是"官"的问题，因为依附行政，常常"为了行政"，天长日久，"管"多了，难免有点"官气"和"官味儿"。二是"霸"的问题。因为有点研究，有些还有点专门的研究，加上天然的地位优势，难免有"垄断"者的权威。这需要相关机构的引导和教育，更需要教研员的"自觉"。实际上，"指导"是每一个教研员的天职，我们不是行政官员，也不是学术权威，已经规定了我们的"服务"定位，理所当然就应该视被指导的教师为我们的上帝。上述问题虽是个别和少数，但影响却较坏。当然，随着行政管理体制的逐渐改革，这些问题也应逐渐好转。

要言之，"指导"是教研室功能的核心，研究是其基础，服务是其态度。当三者合一，当富于针对性和实效性的"指导"成为教研工作的常态，教研室的价值便充分实现，"公婆"便可以皆大欢喜了。

"听"取像，"记"得意，"思"传神

—— 散论听课笔记及其与教师专业发展的意义关联

"听课"于我如登高望远

听课于我有不同寻常的意义。

记得最深的是工作之初，参加江苏省中语会第二届年会，在省常州中学听过当时省内两位优秀教师的课：袁金华先生教学吴晗的杂文《谈骨气》，一课时；赵忠和先生教学彭荆风的散文《驿路梨花》，两课时。这三节课深深影响了我。听课时感触最深的是几个问题：原来可以这样解读文本！与我通常的阅读理解可以很不一样；原来教学设计可以这样进行！与师范院校中学到的所谓理论好像没有什么关系；原来课堂中可以这样开展教学？与我身边的一般教师很不一样。烙印最重的是一点：语文教育原来是每一语文教师"自己"的语文教育。这几乎一夜间确立了我的语文教育价值观，奠下了几乎决定我未来发展基础的第一块砖。

这是学习者身份的"听课"。

多少年之后，我成了所在高中分管教学的副校长；再后来，调任地市教研室和教科所工作。于是，为学校和区域教学质量的提升，也为教师们教学能力和素养的提升，10余年间，不知听过多少不同学段不同学科老师的课，也不知道与多少老师做过多少次或长或短的交流研讨，这其中，有欣慰，有愉悦，也有情绪的起伏，心灵的碰撞。在某些重点中学，看着教师课堂中没有任何准备和设计的教学的敷衍塞责，真恨不能取而代之。这样的经历让我对课堂在教育教学中的地位和价值产生了极为深刻的认识，也让我对教师专业素养和职业精神的重要产生了极为深刻的认识。

这是管理者身份的"听课"。

再后来到省级教科研培机构工作，也随着资历渐深，有较多机会担任全国层面的优秀课比赛的评委。有时候，一气呵成地听课近 20 节，接着还得分别点评和总评。辛苦了很长时间的各省年轻的语文教师精英，拿着或是一等或是二等的奖证，听着我等评委——他们心目中的"专家"们自以为是的分析评判，如果选手们心悦诚服，现场风平浪静，这是比赛的圆满，也是专家的"英明"。每一次对某一节课的现场的谨慎打分，评委间交流时的小心用词，而大会上点评时的分寸拿捏，那简直就是如临深渊、如履薄冰，这样的经历，考验的是"专家"的专业内涵和专业精神，就我而言，每一次几乎都是一次凤凰涅槃。

这是专家身份的听课。

三种身份，三类角色，听课，记录，其过程中的运思、分析、判断、比较、联想、顿悟，使得我这几十年的语文教育及其研究人生越来越丰富、厚实，越来越通透、豁达。

听课是最好的自主研修和专业发展方式

假如说，"活到老，学到老"不仅仅是一句励人心志的空谈，而是一个人生进取的公理，甚或就如同孔老夫子所言"不知老之将至"；那么，可以说，一个优秀的教育工作者，一生都应该与自己和他人的课堂结下不解之缘。卓越如华东师大的叶澜教授，直至今天也还在基层学校的课堂里摸爬滚打，令我等佩服。听课真的是一件功德无量的大好事。我的理解，也是一批又一批卓越的教育家型教师的发展的经历表明，听课者在听课中的专业素养提升、研究能力提升，如水涨船高；一个用心用力、结合着自己的课堂教学，比较深思和反思的教学者，其一生的发展，应该与听课之数量成正比。

而且，与一般常见的教师专业成长和发展的方式相比，听课也一定是最好的路径。

我们一向以为，最好的培训学习方式，是听专家报告。曾经的记忆是，一场好的报告，胜读十年书，堪比精神大餐。犹如维也纳音乐大厅中的仙乐，也像近古时候"明湖居"里听书。但曾几何时，教育现实发生裂变，研究者、理论家与实践者、行动者之间，最近几十年间，南辕北辙，相距越来越远。培训中理论家的报告居然被培训管理者和设计者们减少到几乎可以忽略的地步。太高远，过务虚，几乎与实践者与实践者的具体工作没多少关联，当然也就很难顶用。

我们一向以为读书是最好的研修发展的方式，一本好书就是读者的无声的导师。曾记否，"文革"结束，高考恢复，中国历史上曾经有一段极为难得的教育黄金岁月，年轻人嗜书如命，真的如饥饿的人扑向面包。但最近20余年间，出版物的快速量增，让大量的教师也不知道何为真正有价值的教育读物，人人都能出书，什么东西都可以成书，甚或连"书"的名头都不需要，改称为出版"物"。于是很多校长教师都会私下说，现在的书，包括一些专家推荐的书，我怎么就看不下去呢？虽然这当中可能还有读者的问题，但出版物本身的问题也不容回避。当然，并不排除也有许多人因为读书而获得很大进步和变化的，但其中的很多人往往是学会了掉书袋，学会了引经据典，学会了证明所读书本中一个他人"观点"的正确。至于通过阅读和借鉴，通过思维的碰撞引发自身经验的升华或者教学行为突破创新的似乎并不多见。至于通过大量的阅读，在教学领域突飞猛进，创立了某些模式和样本的，取得了教学辉煌，并且屹立不倒的，迄今为止，还没有见到什么靠得住的典型。

按理说，理论家和管理者应该理解和宽容一线的实践者的生存不易，发展艰难。且不说长期沉浸于艰苦的教学实践，必然导致实践者形成行为惯性和思维定式，通常会"钝化"了理性，烦苦于由理论到实践的"转换"。一个在理论家或者专业的研究者看来非常简单、极好理解的理念和观点，却常常令教学者头疼不已。要么油盐不进，要么剑走偏锋，要么阴错阳差。看第八次课改中"三维目标"实行中的五花八门，"合作"与"探究"学习模式的千奇百怪，你就知道当下中国之教育"理论"与"实践"之间的鸿沟之既"阔"且"深"，你就知道"知""行"合一的达成之既远且艰。当高端的专家将各学科课程标准煞费苦心、十年磨一剑而终于面世，你几乎从未观察到一线教师那种大旱之逢甘霖一般的喜悦和狂欢，专家们更休想收获到那些得利者—— 一线教师的对这一伟大"产品"生产者的感激和赞美。那至多是理论家的自作多情也是聊以自慰。迄今为止，大量的一线教师仍然不会将本来如定海神针、教学指南一般的"课程标准"置于案头，随时查阅，认真对照以调整教学思路和方向。为什么？因为标准的话语表达与他们长期形成的教学思维和交流方式根本就不在一个频道。这就很好解释理论家们的报告的"学理"与出版物经院式表达的"学术"被广大老师逐渐"淡远疏离"的原因。

听课则不然。

教师一生的使命和责任主要体现在课堂和教学中，学会上课，上出越来越好的课，上出令孩子着迷兴奋的课，且让孩子喜欢其课且敬爱其师，可能这是任何一个一线教师的长期不懈的追求，这也是一个好教师的基本标准。很多年前，我们一批已经较有成就的语文教师在一起谈心得，曾经有一个共识，就是所谓好教师就是将课堂站稳了的教师，就是将公开课上好的教师，就是将文章写好了的教师。其第一点宣示了你在学校中的地位，第二点宣示了你在区域教育中的地位，第三点宣示了你在省内外的地位。但如果没有前面的第一、二点奠基，那第三点可能仍然是白搭。因为除非你不想待在一线教学，否则，你只会招致"口惠而实不至"、知行不合一的恶谥。

于是，上出好课成为一个教师至少入职头20年最大的"政治"。研讨过江苏省内一批优秀教师发展的案例，发现，绝大多数人的课堂教学水平的提升，课堂从技术到艺术的进步和飞跃，都是来自于名师课堂的观摩和学习。

听课，也就是观摩自己同行如何做与自己同样的教学活动。不同的层次和能力，不同的动机和目的，不同的听法和想法，只要获得认可，走进任何教师的课堂里，几乎无任何规定和约束。在其中，你可以学方法，可以学模式，可以学形式，可以学内容，可以学态度，可以学想学的任何东西。甚至可以多听，可以少听，也可以"短路"不听；但当听到激发感慨和感想的地方，听任想象飞翔，超然物外，又有什么不可？听课可以是天底下一个教师最为放松和自由的事情。

而且，听课时候的身份和角色还可以随意转换。同行身份，那是观摩和学习的；转换一下，学生身份，就是一个学生，听这位教师教我，我有什么所得，也就是古人所言"何以见教"；也可以是评价者身份，比如教科研人员，带着使命和责任来，听罢必须指手画脚说三道四，那我又"以何教之"。更可以将这位上课的教师假想为就是"自己"，假如我来上这节课，我又准备如何教学这一知识点？

不管用什么方式，也不管是以什么身份和角色，你会发现，这一现场，直观，直接，质朴，简单，你永远不需要做理论和思想的鉴别工作，这篇文章的观点，这一报告的理论，雾里看花，美丽还是丑陋，正确还是错误，高明还是低俗，没有这许多的烦恼；更不需要做思维的跳跃和转化工作，因为面对的是现场，是课堂，是老师活生生的教学，直接应对，直接判断，直接感受和体会，直接借鉴、消化和吸收。虽然不是很"上位"，很高屋建瓴，但立竿见影，立等可取。

这让我想到古老的木工"手艺"之传承。师傅之带徒学艺。现场，观摩，模仿，操作，偶有师傅极为难得吝啬的"指导"，实际多为"训斥"。咱国人引以为自豪并且创造了古老中华传统文明的"工匠精神"就是因此而锻炼成熟。

"笔记"是听课的延伸，其有价值就在于其伴生着"思"

从原初的意义而言，听课而笔记，一为弥补记忆之不足，记录教师上课的内容以备查考。常言说得好，好脑筋不如烂笔头。排除超常人群，记忆力超群的，我等肉身凡胎，凡夫俗子，还是需要笔记。

二为长期甚或永久保存，作为未来教学及其研究之参考。这样说来，笔记是听课的延伸，从本质上讲，笔记实际就是用另一种方式来"听"课，近似于如今的录音和全程录像。

但听课笔记又不完全是录音和录像。因为笔记是伴随着听课主体的"听"而同步发生的事件。整个过程伴生着听课主体的思维活动。上课教师的客观的教学活动，被听课主体选择性记录，记录过程中自然会有感想、分析、判断和评说，这一类简单或者复杂的主观活动的介入，使得原本可能的生硬、死板立即鲜活起来，于是听课而笔记的过程就变成了一个带有浓重思辨色彩的高大上的思维活动过程。

超越了一般的随意的听课，听课而笔记是最好的听课形式，也是最好的教师发展方式。

只要不是不带脑筋走进课堂的听课者，只要不是像录音笔和录像机一样的听课记录者，只要不是仅仅为了应付领导或者什么上级应该的或者不应该的检查而敷衍塞责的听课者，只要是为着自己的教学水平提升，专业成长、进步和发展而来的教师，身临课堂教学情境，就都会聚精会神，听而记之，录而思之。

这其中，"思"是最为重要的活动方式，也是最有价值的活动方式。

孔子说："学而不思则罔，思而不学则殆。"可以不可以引申一下，用之于听课笔记的活动，就叫作"听而不思则罔，思而不记则殆"？我觉得完全可以。

几乎所有的成功的优秀教师都经历重要的听课时代，所有的听课经历中都一定一刻也不停顿地与"记""思"相伴随。这就是说，优秀的听课学习过程实际是"听""记""思"的和谐统一，是三位一体。借用一位语文教育家的观点，这其中，"思"是一个总开关。

那么，在听课的现场，作为为自己发展而学习的研修者，提升教学能力的发展主体，究竟应该"思"什么？如何"思"？

"思"什么，指的是目的问题。一个理性的听课者，在自己听、记的过程中，他应该始终关注自己的教学，自己的教学改变。我怎样从他人从现场的课堂教学中，从教学的成功之点或者失误之处，借鉴到自己"改变"或者说改变自己的理念、工具、技艺，获得自己发展需要的动力和能量。

如何"思"，是方法问题。出于上述的听课动机，我们在听课过程中，运用最多的是分析法、比较法和设想法。

上课老师的某一创意性设计，某一新颖的教学环节，某一个性化表达，对我富于冲击力，我很有感觉。但是不是就意味着我应该马上学习、照搬？否也。最为重要的应该是冷静思考，这说法、这做法，是否合适？其根据是什么？其效果在哪里？符合学生实际，符合认知规律，符合教学规律吗？

这样的内容、知识点和能力点的教学，这样的设计和安排，假如换作我，换为我的班级和学生，我又会怎样处理呢？我这样的处理与该老师的安排孰优孰劣？

有了这样的分析和比较，就很顺利地会有接着的设想，最为理想的设计和安排又应该如何呢？又可以有多少种版本呢？这就有了从他山之石获得了雕琢自身喜欢的美玉基本能力和功夫。

不仅如此，如何"思"，也还是哲学问题。学有高下，思有深浅。能够透过现象直击事物的本质；能够纵横捭阖，咫尺中看到百年历史，千里河山。这需要一种哲学视界，科学方法。这其中，深度、长远、格局是几个非常重要的关键词。

比如说，当"三维目标"成为课堂教学的设计和评价的不二法门，教学者和专业研究人员几乎一律视之为圭臬和真理。很少人究问，这样的"理论"指导下的教学实践，这样的机械、形式到极点的课堂训练，带给教学规律的破坏，带给孩子认知的伤害都是难以估量的。试想，在每一节课中都得贯穿"情感、态度、价值观"元素，都得让学生、让听课专家感知到类似于说教意味的所谓"第三维"，这种生拉硬拽，牵强附会，与学校教育的春风化雨、熏陶渐染几乎就是南辕北辙。这许多年间，课堂中乱象、怪象、异态、丑态之丛生大都皆由此发端。

比如说，这许多年来，"合作学习"的功能几乎被吹嘘到天上，凡是学科教学质量也即分数大面积提升的学校和区域，没有不神化课堂中"小组合作"的意义和价值的。对此笔者并无不同意见，通过合作学习，通过同伴互助，假以一定的机制保障，一定能够大面积提升班级和学校的均分。但问题是，这样的"合作"是不是也有风险和危机呢？学科学习中的合作，其目标和任务是很显然的，指向的是与考试相关联的知识点和能力点，主要的呈现方式就是训练题或者就是模拟试题。在这样的简单学习中，所谓"合作"，说白了，就是优秀生帮助和教会一般学生做题解题，有时候就是直接告知做题的路径和方法。这其中很难或者说根本不可能存在引领、启发和指导，因为即使是优生，他也没有这一类教师才有的教学艺术。因此，这其中，根本不存在思维方式的影响和学习。在这样的"合作"过程中，永远都是优生对于一般学生"单向度"的帮助，难以或者根本不存在反向的"运动"，所以这样的"运动"只能说是"帮扶""扶贫"，根本不是"合作"，或者说很难有什么合作。如此，问题也就来了，总是要求优生资助一般生，一般生逐渐"共同致富"了，但优生更优发展的机会和可能却被影响和耽搁了。这不是典型的"削峰填谷"吗？如此，一流的精英，杰出人才的培养不是要受到严重的制约？对于这一群优生而言，也许有人以为由此培养了他们的奉献精神和合作能力，但这与其更优发展、个性成长、未来可能的重大发明创造相比，可能是得不偿失的。很显然，这是在赢得了一种低层次重复和运转的公平的前提下，损害了更高层次的公平。

如此，听听，记记，想想，由彼及此，由人及己，由现象到本质，由现状到理想，由现实到未来，你会发现，融入了深度思考的听课是一件多么重要又多么有意义和价值的事情。

"笔记"本身也有着独立的意义

虽然如此，还是得说说"记"。尽管在今天，"笔记"的方式正在被现代工具所不断改变。假如我们把听课这件事细分，是不是可以分出四层境界？

为自己而听课，为在比较中发现自己的发展层次和定位而听课，比如说找到自信和尊严，这是听课的第一境界；为思而听，为思而记，为通过这种特殊的学习研修促进自己发展而听课，这是听课的第二境界。思而记之，记能铺陈成篇，并在此基础上成文，并因此而一改自己的教学，实现自身教学水平的逐渐提升，这是听课的第三境界。假如不仅如此，还能更进一层，将自己听课、学习的这类难得、实用的心得体会编辑成书、发表出来，惠及其他教师，这才是听课的最高境界，是第四境界。这让我想到古老中国代代不绝的笔记类文学，那是大量的才子，用生花妙笔，漫不经心地记下街谈巷议的逸事，朴实无华，简明扼要，如素描，如写真，却常常惊天地而泣鬼神，成为传统经典之外的经典，一般正统历史之外的传奇。即便是很多名人伟人，一般阅读中在原著中随手记下的随感式文字，真正是随心所欲，零散琐碎，却被后人称之为"点评"，很多结集出版之后，广为流传，成为文坛幸事和佳话。

如果有朝一日，优秀教师能够不断有人将自己的听课笔记结集出版，我觉得这是一件值得大书特书的盛事。

还得说说听课、笔记之后的研讨交流，是对于听课的成果的最好的检验。

我个人每每以"判官"评委的身份参与高端的赛课，被要求现场不仅评判而且评说，而且每每我还得在评判、评说完了之后还得以学者的身份写出长篇大论以指导上课者、参与活动的听课者以及未曾有缘参与活动的其他有志于发展的老师。这一经历非常折磨人，当然也很锻炼人。这类延伸的听课要求对于听课人听课意义和价值的无限拓展，这对于我这样的听课人几乎是蛮不讲理、变本加厉的"追杀"，但正是这样他的追杀才有了"我"专业上的突飞猛进，这就是逼上梁山和赶鸭子上架的被动的意义和价值。它很好地佐证了"逆境"出人才的哲学。

印象中最害怕的是年轻时候，与本校同组老师赴兄弟学校学习交流，听课是必不可少的环节，听完课后，总得有个或正规或随意的研讨交流，各校"代表队"总得有"代表"代表学校一群人说点什么。我常常"有幸"（不幸乎？）成为这样的代表，有时还被预先告知。每当被预先告知，那听课的认真，"笔记"的认真，思考的认真，其中的紧张焦虑，其中的浮想联翩，一般人难以想象。正是这样的一次次折磨、历练，我对课堂的认识、教学的认识，逐渐深刻；我自身的教学素养、课堂教学艺术的小树，一天天潜滋暗长。

听课、笔记，听不在全而在真切，记不在细而在要害；听中畅想，记时静思，想贵高远，思贵深刻；听取像，记得意，思传神，天长日久，发展之功，成功之乐，便尽在其中。

"培训课程指导标准"与教师专业发展

一、促进教师发展是教育工作的重中之重

十九大之后的中国教育，迎来柳暗花明的新天。从十九大报告明确"办公平而有质量的教育"到中央课改领导小组通过《关于教师队伍建设改革深化的意见》，可以说，中国教育尤其是教育的最为核心的元素——教师，其发展迎来了真正的"新时代"。教育问题的本质是教师问题。梳理和总结这20余年的教育，无论是教育改革获得的成果，还是出现的困难、失误和痼疾，其症结和关键就在教师。所以抓教师，才是真抓教育；抓教师队伍建设，才是瞄准了教育问题的要害。

教师问题，涉及两个方面。一是职前，一是职后。前者复杂，涉及教育大政，体制机制，而且研讨现实基础教育问题，就事论事，就只涉及已经在职在岗的教师，所以可以暂且不论。后者虽不复杂，但问题一直很多，对于在职教师成长和发展关注很多，研讨很多，从上至下的工作开展也很多。受益者、发展优秀者对于教育行政、培训机构、专家学者的引领和学校管理者付出的心血和劳动，提供的支撑和帮助，充满感激，有口皆碑。但也有人逢"训"必反，有校长认为培训影响教师的教学工作；有教师认为，培训有效不够；有人认为，教师发展是教师个体的事，有无培训无关紧要；曾经在不少培训现场，有人问：教师发展是一个水到渠成的自然过程，最忌揠苗助长，有些地方急于求成，搞教育家培养工程，你怎么看？教育家难道是培训机构培训出来的吗？这种质疑，其意见有一定的代表性，其观点也不是完全没有道理，但是片面和错误又是显而易见的。所以我说：教育家当然不是一味培训、培养出来的，但任何一个教育家在他成长、成熟和发展过程中，无论如何都是离不开培养、培训的。也就

是说，面对飞速发展的社会、时代，社会、时代对于社会事业尤其是教育的要求，教育发展特别是教师发展，成为当下中国社会面临的重大问题。而教育自身的扩张式发展，教育内涵提升的要求不断加高，"均衡而有质量的教育"，指向的最为关键的部位显然在教育的核心元素——人力资源也即教师的层面。而众所周知的，这许多年来师范教育和基础教育的"弱势"和过度应试的功利化倾向，带来教师队伍的建设的夜盲症和短视症。要么盲人骑瞎马，要么满足于"做过"，至于结果和成果如何，少有人"问津"。即便是为数越来越众多的教师培训机构，也由于传统和思维的定式，缺乏专业理论和专业人士的支持和支撑，这项工作，造成一些误区，带来一些误解，也就不足为怪。

但必须澄清的是，这许多年来，从中央到地方，大量的和优秀的教师培训工作者、研究人员及其所支撑的专业机构，在教育行政的强有力的领导下，为教师专业发展为教师队伍建设做出了大量积极的努力和奉献，成就了教师发展的辉煌。江苏省教育厅按照教育部文件在全国率先力推"四位一体"市县教师培训机构的建设工程，三年左右时间，全省已经有接近三分之二的市县整合到位，其余三分之一将在2020年执行到位。总结江苏市县教育先进区域成功的秘诀，最为疑问的一点就是，教师发展机构健全，教师发展工作落实优异，优秀教师层出不穷，这一群体不断涌现，优秀教育传统代代相承。

即便如此，我们也发现，教师培训、培养和发展这件事，做得好与坏，差与优，不同区域不同机构，差别较大，发展极不均衡，这许多年来，大家做出来积极地探索和努力，取得了不少进展和成果，大家达成了很多共识。比如，教师培训和培养关键要解决的是教师的两大问题，一是技能也即教学素养提升问题，一是师德也即教师的职业道德问题。而这两个问题的解决都不是一件简单的事。前者是实践层面的问题，是教育工作者自身能力的问题，就好像学生之学习，主要靠其自身的自觉和追求，他人无法代替。后者是内在精神问题，看不到、摸不着，别人不仅无法代替，而且一般的"教育"也无济于事。如此可见，要想实现教师素质的提升，根本在于教师内心动力的"生成"和"生长"。这就是说，内在的"改变"，可能是教师培训、培养的终极追求。比如，在上述的共识的基础上，大家致力于教师培训培养的针对性和实效性的研究和探索；致力于培训对象分类分层的研究和探索，以及与之相关的培训主题、内容和形式的科学性的研究和探索。如今，国家层面的《中小学幼儿园教师培训课程指导标准》颁行，可以说是参训教师和培训工作者众所期盼，也是各方力量和智慧百川归海、"水到渠成"的集成。这一成果，对培训机构培训质量提升、教师专业发展内涵的提升，对于师范教育的优质发展，对于办公平而有质量的教育的国家战略的精准实施，都将产生十分重大的意义。

二、教师培训课程指导标准的特点和意义

研读这一标准，我觉得有几个特点比较显著。

一是实践"核心"。《标准》（指《中小学幼儿园教师培训课程指导标准》，下同）旗帜鲜明地提出教师发展的核心能力是"实践能力"。在其"前言"部分确立的5个"基本理念"中，分别用两个部分来专门予以概括："能力为重""实践导向"。这就很好地规定了对于教师培训工作的目标指向，解决了这么多年来教师发展认识上的一些误解和误区，特别是一些教师，教育理论工作者长期以来对于这项工作的片面理解：教师作为教育教学的实践者，其发展主要或者说重点要解决教师的理论素养提升和科研能力提升问题。这也就导致很多由高校承担的高端教师培训项目，变成了教育教学理论专题灌输和少量教育理论研究专家的跑马场。这样的培训，引来许多的热议或者说非议，也引发了许多的争论。"听听冲动，回去不动"等等议论就都是这些议论的代表。实际上，这种培训者——研究专家与参训学员——一线教师的认识上的冲突，反映的也就是中国长期以来一直未能很好地解决的理论与实际的矛盾。这个问题的很好的解决，必须深刻认识理论与实践之间的辩证关系、渊源关系，以及各自独特的价值。当所有的理论家用制高点的优势和强势，强迫所有的中小学教师必须参透每一教学行为背后的事理逻辑和理论支撑，并且把这作为培训的重点和目标的时候，培训现场的冲突以及矛盾的不可调和就铸就了。因为任何一个理论家都不可能要求任意一个操作工与自己一样变成专业的理论家，相反也是一样。要求少量的教育家型教师和校长具有一定理论素养和研究能力可以，要求所有的教师如此，便是培训的缘木求鱼之举。因为这既没有必要，也根本不可能。认识到教学操作的"实践能力"是中小学教师的核心能力，就意味着，培训管理者和教学实施者，必须关注教育教学的知识、技能、能力和素养的获得和娴熟运用，关注其技术到艺术的发展规律。让教师知道"是什么""怎么做"可能比什么都重要。在有条件的情况下，对于有条件的教师，则可以朝高端、往深处"更进一步"追问和探究。也就是说，现实和未来的教师培训，虽然也要培养教师"仰望理论星空"的意识，但更要不断发展教师"脚踏实地"教书育

人的能力和本领。在这一问题认识理解上的进步和共识，是长期以来广大教育工作者、特别是培训者艰难探求的成果的结晶。可谓来之不易，十分重要。

二是细分"策略"。教师培训要解决的实际是人世间所有问题解决的逻辑。从何处来，到哪里去？如何去那里？没有参训团队或者班组参加一项或高端或低端的培训，不管周期都长，实际都是要解决教师的或多或少或大或小的发展问题，但很少有机构对这三个问题做出精准的分析研究，细致解决，因而谈培训的针对和实效就总是变成纸上谈兵的空言。《标准》综合各地培训实践的智慧，采用"细分"策略，这就是身份上"分类"，发展水平上"分层"，培训课程上"分级"，这就很好地解决了培训"精准施策"问题。"义务教育语文学科教学"的《教师培训课程指导标准》就是对应义务教育语文课程标准，在将学生的语文课程学习目标转换为语文教师的教学能力标准之后，以实施新课程为本设置培训目标的框架，又在框架设定的相关领域内选取主要事项建立"核心能力项"目标体系，并按照语文教师发展的优秀标准，建构可检测的能力目标。在此基础上，研究制定了关于语文教师发展的可以"量化"的"能力表现级差表"。与此同时，按照"核心能力项"分别设置研修主题，每一研修主题又明确研修要点、专题课程。这样一种设计和安排，就使得无论是培训实施者、教学人员，还是参训学员都可以在培训开展前通过问卷调查或者学员自我评估获得比较准确的发展定位，明确自己的发展起点，从而选择和确定培训的班次、主题和课程内容，这就真正解决了培训的针对性问题。

三是问题"导向"。问题导向是近许多年来成功的培训实践中总结出来的最为重要的经验，也几乎成了如今除了规模性、指令性培训之外的各类各项培训的基本原则。在如前所说的细分前提下，大致的方向性、目标性问题解决了，但是就具体的班级和个体而言，"需求"何在？方面和问题是什么？还是难以确定。所以，对于在某一阶段里某一学科教师人群发展过程中教育教学中存在具体问题的"问诊"和分析，并最终确定真正的"病症"和"问题"才可以真正达成培训的实效和优质。语文教师培训课程指导标准中在"培训目标和内容"部分，对于每一"核心能力项"的能力层级的"诊断"就是一个"问题导向"的样板。先是确定"培训目标"，接着由此出发对于培训对象进行紧紧围绕目标的能力现状的诊断分析，最后再据此设定符合不同能力层级对象的培训课程。依据"目标"标准而问诊，分析而后发现问题，针对问题设计课程，而课程是紧扣着目标的。这样就构成了一个符合事理和逻辑的"问题解决"的科学的框架模型。有教师自身问题出发，接受针对问题而"结构"的培训课程的学习训练，就是培训有效性实现的不二法门。无论是什么样的教学、培训，均无例外。

四是精准"原则"。在大量的教育标准纷纷出笼，教育的优质高效，逐渐走向了有法可依、有章可循的科学化轨道。但也因为时间紧、任务重，难免有少量的标准给人以匆忙出台的"急就章"之感。我以为，上一轮伴随课改而生的基础教育各学科课程标准多数就是如此。而且那些标准的研制，与一线教学、与一线教师和学生，距离十分遥远，少量专家的部分学术主张和观点似乎成了"国家课程"实施的纲领，标准似乎成了某些专家一己之论的"演义"平台。本《标准》研制的思路、理念、策略切合实际，教师本位、教师主体的色彩相当浓烈，体例、体系、要素完备而科学，尤其内容的呈现逻辑和内容本身很为亮眼，是一个创造，是一个符合教师发展特点的创造。这样的《标准》，对于实施者而言，对照相关的序列、层次，可以"拿来"，照章办理；也可以参看参考，根据实际情况，调整改造，有所突破，二次"创作"。一方面务实落地，到边到沿，主题、内容、课程都已确定，其实施的到位就有了保障；另一方面，《标准》带有"指导"性，并不是规定性，有极大的弹性和腾挪变化的空间，这又给优秀的培训研究者和实施者引领的同时留下了想象和创新的余地。

五是平实"表达"。尤其难能可贵的是，《标准》的语言表达是一个特色，是一个突破。语文教师培训课程指导标准中"诊断问题"部分的呈现方式，十分"平民化"。口语化的陈述，教学生活、教师生活化的陈述，将原本生硬性、经院式、学术化的表达转变为简明易懂的真"问诊"，使得广大一线教师倍感亲近，其或喜闻乐见，这是异常聪慧之举，这在国产的大量的教育类标准中，几乎是一枝独秀，十分稀罕，被看成是创新的典范。这当然需要研制者的勇气，因为这是需要十分了得的学术底蕴、底气才足以支持，否则，就只能以自诩高深莫测的理论话语应景，当你质疑和求教时，当事者的学术傲气和霸气立马找到了呈现和展示的契机。所以从这一意义上说来，我们一线的更多埋头拉车耕耘的"苦行僧"真要很好地感谢语文教师培训课程指导标准的研制专家，至少这减去了许多参看"标准"的解读，免于了接受一轮又一轮专家长篇大论的解读标准的培训之苦。

《标准》颁行对于教师、学校、教师培训管理机构和教师培训机构是一个重大利好。教师可以依据《标准》实行专业能力和水平的自我评测，自主发现问题，自我设定专业发展规划；学校在组织学习《标准》的基础上，引领和倡导教师自主发展的同时，做好学校教师发展的顶层设计和规划，明晰教师发展的思路和策略，积极开展行之有效、丰富多彩的符合本校教师实际和发展特点的校本研修工作；教育行政则应该在深刻认识教师发展和教师队伍建设异常重要性的基础上，依托教师发展中心，做好区域教师发展规划，组织、管理、师范好每一项示范性项目，充分体现出培训的针对性、实效性，成为《标准》推行推广的示范性窗口；师范院校则可以在当下国际师范教育转型转轨的大背景下，从《标准》中发现改革的契机和突破口，调整和改革师范教育的方向和目标，大幅度变革那些早已不符合现阶段教育发展特点和未来教育发展需求的课程、内容、形式和培养思路和策略。尤为重要的是，《标准》开启了教师发展的"集合""集成"模式，教师专业发展，指向的是作为专业身份的教师整体发展，而不是单单或者教学技能，或者研究能力的发展。这样，原本在特定时代设立的，为着区域教育某一方面工作进步、为着教师的某一方面能力发展、也曾经持续发挥过作用的机构，比如区县教师进修学校、教研室、教科所、电教馆等，就可以或者应该在当下从上至下由细分走向整合的"大部制"改革趋势背景下，摒弃前嫌，去除隔阂，实现"四位一体"，做到同心协力，为教师发展提供最优服务、强力支持。

一言以蔽之，好教师才有好教育，《标准》引领和带动的大量的优质的教师培训，必将造就大批优秀的教师群体，这对于办公平而有质量的教育的国家战略的实施和实现，意义深远。

三、教师培训课程指导标准实施中的问题和困难

《标准》的出台盼之既久，之所以如此，因为这是一项艰难之举。教师职业的性质和特点本来就争论不休。比如教师工作的"专业性"就一直备受质疑。可以想象，研制此类标准，其难度一点也不亚于基础教育的学科课程标准和教师专业标准。尽管如此，作为一个研究者也是《标准》的使用者，仍然要对《标准》发表一点浅见，供《标准》的学习者、实施者学习研究和践行时参考，也是向付出辛勤劳动和艰苦创造之功的专家学者求教。

我觉得，《标准》在下列几组关系的处理上还有可以斟酌之处。

一是教师专业与学科专业的关系。尽管每一学科教师都必须教学某一学科专业，但绝不意味着这一专业学科的教师，其教师"专业"仅限于他所任教的学科领域。这就是说，作为专业性的教师，如果其"专业"的内涵仅限于学科

专业，那只是一般的教学技工，难以称之为"师"。如果是，那我们就连唐朝时候的韩愈先生的"认知"都大大不如了。韩先生曾定义"师者，所以传道、授业、解惑也"。我以为，任何一位教师，其专业素质一定包含如下维度：专业学科的教学素养、教育素养以及师德修养。从《标准》看，尽管"前言"部分将"师德为先"作为第一理念，但后续主体部分在培训课程、内容的设定中似乎未有很好的坐实。这究竟是设计者的疏忽还是因为困难而"留白"，不得而知。这可能是各学科教师培训课程标准都得仔细研究并予以解决的问题。

二是分解与综合的关系。《标准》的最为重要的特点是"细分"，层层细细的分解使得培训课程的设定指向清晰、针对精准、实效明显。但"细分"带来的问题也很显然："分类"究竟依据怎样的标准？这样的标准是不是就可以分出界限分明的类别？如何使这样分类带来的交叉、错位减至最少？语文教师培训标准中这一类问题也还存在。在其"框架内容"部分，一级指标的 6 个"培训领域"没有什么问题；二级指标的 20 个"核心内容项"就已经出现少量问题了。比如"语文课程理解"与"语文教学观念"如何区别和分辨？而三级指标的 56 个研修主题，其相互之间可能的互通相容，可以说很多很多。比如"要做有专业知识的语文教师"与"基于标准的语文教学""专业地对待语文教科书"等之间怎么区隔？我想说的是，过细的分解虽然便于实行时的落地，但可能带来的事理、逻辑的杂糅、混乱，反而会降低标准本身的信度。这会不会暗合了"好心办砸了事"的悖论呢？所以从这一意义而言，还是要注重"综合"，注重"概括"和整合。在矛盾比较集中、十分繁杂的地段，难以细分、难以分类的领域，可能还是需要运用一点"模糊"的艺术，大而化之有时可能是最好的"战术"。

三是设计者的指导精细与实施者的操作便捷的关系。还是以语文教师的培训标准为例。设计者的良好的初衷，通过 20 个核心能力项、52 个研修主题、464 个专题课程（内容要点），按照参训学员的测评分级，开展十分具有针对性的培训，自然会实现最为优秀的实效。这当然十分理想，但现实常常"骨感"。问题出在哪里？就出在与现实教师发展、教师培训管理的实际大相径庭。试想，一个语文老师按照 20 个"核心能力项"来完成自测或者他测，需要付出多少劳动？如何将每一能力项层次相当的人群组织到一起进行组团培训，需要付出怎样的劳动？如是，按照 20 个能力项的每一个分层实施培训，何时才能将语文教师的培训逐一完成？我想说的是，《标准》的研制者可能更多需要从教师发展需要的角度、培训的角度、培训管理的角度来思考问题，而不是从理论的角度、理想的角度或者旁观者的角度，一厢情愿地想象或者敲定。我个人觉得，解决实施者的便捷操作问题，可能是《标准》未来修订时首要注意的方面。这也是任何一个标准成为真正的标准并富于生命力的底线要求。

四是职前培养与职后培训的关系。所有的培训对象包括新任职教师的培训，都是零起点。三年以上的师范教育，入职之后的教学、研修，在专业能力和素养领域他们都已经有了一定的积累。但从标准设定的框架内容看，从每一部分设定的问题及其难度系数看，似乎起点较低，几乎是从师范教育课程的"原点"出发，这也许符合部分地区部分教师发展的现状和实际，但从面上看，则是侵入了培养的领地，背离了培训的基本原则。给人一个错觉，这一标准似乎演绎成了教师入门秘籍，或者培养教师的工作指南和手册。追求全、细，追求面面俱到，就难免带来这样的后果。

确定培训的起点，划分培养与培训的边界，对于标准的研制十分重要，似乎是前提性的工作。

四、《标准》引领下的江苏省教师培训工作的内涵发展

作为江苏省教育厅专事教师校长培训协调、指导、服务和管理的专业机构，江苏省教师培训中心和江苏教育行政干部培训中心，在教育厅师资处的直接领导下，一直致力于本省教师培训质量和效益、规模和内涵的不断提升，特别是自2016年9月份合并以来，为更好更快地凝心聚气、共创新局，以适应我省教师队伍发展的需求、服务于我省教师队伍建设工作，中心更是把内涵建设作为工作的重中之重。其中，重点抓了三件事。

一是把制度建设作为内涵建设的基础。中心下设综合部、研究策划部、培训管理部、网络建设部、合作发展部、教师资格认定指导中心办公室、省"国培"项目办公室等部门。制定并通过师干训中心考勤制度，师干训中心科研奖励办法，师干训中心培训讲课费、加班费发放管理补充细则，部门工作职能，培训项目管理流程，培训项目方案评审流程，个人岗位职责等，各项制度的创立与完善促进了中心各项工作规范、有序地开展，也促进了中心内涵、品质的提升。

二是把文化建设作为内涵建设的核心。中心通过组织全体人员的文化建设大讨论，并结合相关的辅导，在发展理念、价值观、文化标识以及实现途径等方面初步形成脉络与思路，并初步达成共识，将"德进而进业、自修以修人"作为中心的核心价值理念。核心价值理念的确立，为合并后的两个中心的发展，

注入了内在的精神动力，也为中心成员的专业成长和中心未来发展，以高位的引领。中心如今已初步形成了良好的工作氛围：人和政通，风清气正；团结协作，不断进取，乐于奉献；善于反思，勇于创新。这也是中心一年多来，在合并磨合期，在工作量成倍增加、标准不断提高、要求不断加码、压力不断增强的情况下，依然能够团结奋进、和衷共济、优质圆满完成年度各项工作任务的动力源泉。

三是把专业建设作为内涵建设的重点。中心组织全体人员定期学习与交流。如中心主要负责同志为中心全体人员开设《培训的"精准"与专业的"尊严"》讲座；研究策划部组织相关人员，就重点项目完成后的成功经验及存在问题进行及时总结与反思；培训管理部出台乡村骨干教师培育站建设工作的指导意见、建设指南、指导委员会工作条例、考核办法等。积极鼓励围绕自身学科专业、培训专业和培训工作进行深入思考、探索和研究，写作并发表论文。全年在学术期刊发表论文 43 篇，在研省级以上规划课题 7 项 。组织、指导与省"教育科学规划办"联合发布的省教育科学"十三五"规划"教师发展研究专项"课题研究，保证我省教师培训研究工作的顺利开展，进而保证我省教师培训工作、培训管理工作在专业化轨道上精准实行。

但江苏的教师培训工作、中心的培训管理工作依然存在很多问题。2018 年中心将按照教育厅师资处统一部署，继续抓好常规，抓好规范，在管理、协调、指导等方面高远定位，创新举措，务求实效。与此同时，将紧紧抓住《标准》出台的契机，更加注重学习，更加注重研究，更加注重实践探索，更加注重内涵提升，更加追求精准施培，尤其致力在下列领域的不断改进、突破和提升。

第一，进一步加快标准研发，实现省级培训的规范化、科学化。

通过加强对培训实施过程的指导和管理，提升省级培训基地培训项目实施水平。完善已有制度，制定新的制度，力求建立规范全省教师、校长培训工作的制度体系。实行省级项目招标制度，强化对关键环节的管控，从培训项目需求申报到培训基地遴选，从培训方案设计到方案匿名评审，从方案实施的过程管理到反馈评价，均以规范的方式、专业的要求进行管理。

快速推进标准化建设。修订《2017 年全省中小学教师和校长培训项目指南》，为省级培训项目提供整体设计的宏观指导和具体项目实施的微观要求；对条件成熟的培训项目制定培训实施标准，如《乡村骨干教师培育站建设要求》《省级"名师送培"项目实施标准》《高中学科骨干教师选学实施要求》《中小学校长任职资格培训标准》《领航名师培训实施规范》等。

第二，进一步强化培训研究，实现培训指导的专业化、精准化。

校长、教师培训工作是专业性很强的工作，尽管目前中心特别重视培训专业化发展，但是和中心在全省校长、教师培训工作中的角色定位以及和未来教师培训工作发展的要求比，尚有差距。新的一年，我们将开展对于四位一体机构建设和发展的研究，开展对于教师发展中心培训、教研和科研人员职能、职责及其融合的研究，开展对于省市县（区）三级培训体系的科学建构的研究。通过实践基础上的研究，通过研究指导下的实践，逐渐推出具有江苏特色的、省中心自身专业水准的、在全国领先的涉及培训机构建设、培训专业化建设、培训规范建设和培训品质提升的系列成果。

由此，真正实现对于省市县各级各类培训指导、服务的专业和精准，也因此而在省内外乃至更高端培训及决策层面，享有充分的话语权。

第三，建构省市县教师发展中心发展共同体，以实现江苏培训的统筹发展。

到 2017 年，江苏全省地市基本都已经组建教师发展学院或中心，县区已经有一半以上建成了四位一体的教师发展中心。今年，我们将借助省一级学会——江苏省中小学教师培训学会这一平台，组建成立相关的专业委员会，通过课题研究、项目攻关、培训合作、学习交流等多种方式，实现全省教师校长培训的整体联动，并以此为基础，打通区域界限，打通层级阻隔，真正实现省市县三级教育培训的统筹、协调与和谐发展。

第四，开启江苏教师校长培训品牌建设工程，不断创造中国培训的"江苏样本"。

10 余年来，我省的教师校长培训已经形成了一批成熟项目，有些项目已经成功实施了 10 余年，仍广受欢迎；有些项目在省内外有广泛影响，甚至影响到教育部的培训决策。从 2017 年开始，中心相关专家对于省际合作中青年校长高级研修项目、高中学科骨干选学培训项目、乡村骨干教师培育站等项目已开始深度研究，并有部分成果发表。从今年开始，中心将把品牌建设作为内涵建设、专业化建设和未来发展的一大战略，以中心科研骨干为主体，联合各市县教师发展中心的科研骨干，全面开展对于江苏省优秀培训品牌项目的深度研究，通过两到三年的努力，推出一批带有江苏教育大省师干训工作特色、在全国有较大影响力并可以复制推广的、教师校长培训的"江苏样本"。

指向实践能力与思维品质的提升

—— 基于标准的教师研修课程的设计与实施

谈及培训,首要明确的当然是培训的目的和价值。我们今天所言的研修和培训,其对象主要是教师和校长。目的和价值指向,是校长和教师的发展,最终是为了学生也就是未来人才的成长和发展。这里要明确几个概念,从大的方面说,首先是转型呼唤高品质的人才,2012年后习近平同志提出中国进入转型期,转型依靠谁来完成,有学者提出一个观点叫首先需要教育转型,因为只有转型了的教育才能培养出适应并推动社会转型需要的人才,这样的人才是什么样的人才,我理解是高品质的人才。

接着要研究什么是高品质的人才。要弄清高品质的人才、人才的高品质,必须研究的是我们今天当下面临科技快速进步的大背景,我以为当下最要关注的是,科技革命刺激人才品质的提升。而科技革命又有三个概念要理解。

一是人工智能。人工智能是人类的杰作,但今天的人类自己造出来的人工智能,其思维方式却超越了人类,人工智能的思维方式就是深度学习,表现出跨界、整合和增值的特点,据此我以为在未来"人机并存"的时代,人工智能正在或者即将改变人类的学习形态,假如人机并存是一个难以回避的事实,那么人类向人工智能学习,学习他们的学习,深度学习将是一个无法回避的问题。

二是互联网。互联网改变人类已经不是一天,互联、物联网已经同时正在改变学校教育的形态,"泛在"成为学校和教育显著样态。教育一定不会消亡,但极有可能作为实体意义的学校会逐渐被虚置。

三是生物技术和量子技术。生物传感大家都已经感同身受,而量子计算也已经走近我们,并且即将取代电子计算,其运算和处理加工信息的精准和快捷,令人类叹为观止。有人说，量子计算之后，人类处理信息的速度，计算运算的速度会超越今天的任何运算方式，可能超越一万倍以上。试想，这两者的联姻将会发生什么？假如有一天我们每个人身上安装了生物传感器加上计算机——姑且称之为"算法"的东西，未来人类处理事物，可能就不一定单单依靠我们的大脑，因为"算法"处理信息，不仅大大快捷于人类的大脑，而且比人类精准不止十分，所以有一个问题正在而且还将被不断被提出，那就是，人类未来究竟听谁的？也许，在不远的将来，人类未来不是听哪一个人的，也不是听自己大脑的，人类会坚定地听一个叫算法的东西的。所以，我在一篇题为"人类未来究竟听谁的？"中说："当算法成为未来唯一的依赖路径，人类的生活会越来越简单和便捷，但那时的人类还是人类吗？还找得着北吗？还回得了自己的家园吗？如果未来人类不想失去自我还是得经由'算法'，遵从理性，这才有可能找回自己，回归家园。"

通过前面社会转型和科技革命的背景的分析，可以得出一个结论，转型时代，人工智能时代，人机并存时代，对于未来人类，要想屹立不倒，迫切需要新的高的品质。所以我提出未来"高品质人才"的概念。所谓"高品质"指具有三高特质：高超思维，高新创造，高强人格。

高品质的人才从哪里来？需要高品质的教育，高品质的人才来自高品质的教育，所以中共中央国务院在2018年1月20号4号文件提出：到2035年，教师综合素质，专业化水平大幅提升，加强中小学校长队伍建设，努力造就一支政治过硬，品德高尚，业务精湛的校长队伍，打造高品质的学校。

高品质的学校的呼唤，在当今中国大地上，可以说如春雷滚滚。高品质的学校是什么学校，今天大会的主题词有一个词叫"赋能"，在互联网、人工智能引发的社会变革面前，人类学习进入"泛在"时代，未来学校实际就是一个"赋能场"。

区别于传统的学校，未来的高品质的学校我觉得应该具备四个特征。

一是通过文化、课程、教师和学生及其相互作用形成的、化育教育对象的"教育场"；二是师生围绕学生学习产生的困难和问题进行对话交流研讨的"大平台"；三是模仿社会生活，探索科学真理，锻炼生活能力，培训文明素养的"虚拟社会"；四是真正意义上令家长心向往之、乐而忘返的学校。

什么是高品质的校长？我最近的文章提出了"四个转变"：一是应该由教学与质量的一般保障者转变为课程"设计师"；二是由一般制度和规范的建设

者转变为学校文化的"引领者";三是由关注技术和事物的教育看护转变为教师专业发展的"导航人";四是由教学、办学的一般执行者转变为富于理性和理想的"思想家"。

什么是高品质教师?那也必须实现四大转变:一是由只会单一传道、授业的教师转变成为引领、指导、帮助"解惑"的导师;二是由口耳相传的"言说"道德(说教)者转变成为行为"生"范、知行合一的"育人"者;三是由习惯于"搬运""转述""预设"、貌似先知先觉、居高临下的教学者转变成为"学习者";四是由总是按图索骥、照本宣科、忠实施工的"匠人"转变而为富于理性的"思想者"。

这样的高品质的校长和教师呼唤中国教育培训的变革,需要高品质的培训,这样的高品质的培训从哪里来?高品质的课程设计与实施是高品质培训的核心要素,我接下来说的就是今天的重点。

培训课程设计与实施需要高度重视下列要素。

一是依据教师校长教学管理发展的四个标准。我们今天谈到的是第三个标准中小学幼教师培训课程指导标准,前面的学科课程标准,教师专业发展标准,校长专业标准也是我们必须关注的。去年下半年认真研读义务教育语文教师培训课程指导标准,看完非常认同,是一个好标准,但就是可供操作性存在问题。这个标准在未来的实施修订过程中,我觉得还需要进一步的完善,第一要进一步处理好职前培养与职后培训的关系,这两者不是一回事,这两者之间打通了之后怎么分割两者之间的关系,需要细细研究。第二就是学科的教师培训,学科教师的素养与综合素养的关系,怎样打通,怎样跨界,这个问题非常重要。第三个,还要处理好学生学习与成人学习研修培训之间的关系,要认真处理好,这三重关系处理好之后可能还要处理好一个化繁为简的关系,因为在这个世界上,任何事物,处理任何事情,一旦陷入繁杂和琐碎,一定难以推进和落地。

二是谨遵人类学习的四大规律。第一个是教师专业发展的原理,重点发展什么,我个人觉得实践性能力提升是最重要的事,实践反思是最重要的方式,原动力的激发是最重要的。还包括建构主义理论,现象学理论和情景学习理论。教师自主研修,结合着情境对照、比较着研讨交流的学习,可能是最好的培训发展方式。

三是培训的目标指向,围绕教师发展的关键能力。今天尤其要关注师德人文修养。师德问题我个人觉得所有的研修和培训课程当中必须成为第一课程,中国教育最大的问题，假如我们归结为教师发展的问题，那么教师发展中的第一问题，就应该是师德问题。党中央有要求，我个人在基层实践当中做了几十年老师之后回头想想也觉得这是最大的问题。有德无才，有才无德，还是应该德才兼备？道理非常简单，但要求教师都能做到如此，何其艰难！这与今天的社会、官场生态都息息相关。教师发展的第二关键是实践能力，这几年来，几乎与第八次课改相伴生，大量的或真或伪的专家对于基层教学的肆意指责，使得一线教师的实践自信和自尊受到重大伤害，自卑于少理论武装，面对专家汗颜而无地自容，觉得自己怎么教学都不很靠谱，成为很多教师的心理阴影。这需要通过正本清源给教师们重振信心。有理性的思维才能够培养出有理性的孩子，缺少理性，人云亦云，跟风，随大流，可能这是我们教育最大的问题。个性品质为什么重要？有个性品质的教师才能培养出有个性的孩子，个性是什么？个性就表现出总是要与旧物不同，与他人有异，这就是说，有个性才有创造，个性就等于创造性。

四是课程丰富，确定纵横交错的研修内容。我觉得我们今天仅仅就语文老师谈语文教学，仅仅就化学老师谈化学教学，这在培训中而言当然很重要，但又远远不够，所以我觉得课程一定要跨界、学科渗透，最终是我们要有向人工智能学习的"深度学习"课程。我们今天很多专家学者都研究深度学习，但有一个误区，千万又别三下五除二，将其解构为只是更深一步的学习方式。深度学习，是人工智能的学习方式，我们的教育研究这几年还有很多坏毛病，其中之一便是，你任何新词新语新概念，我都可以从我的旧有的话语系统中找出对应，将任何东西随意塞进去，然后告诉你，这我们早已有之。这种研究很可怕。

五是实施灵活，精选适合的培训方式。刚才发言的海淀区的博士谈到具体团队的教研组的活动，是从教科研的角度，我说的是大培训该选择使用什么方式。包括今天这样一个场合做的工作，这个论坛本身，就既是研修也是培训。我的体会，江苏的经验，我觉得有几个东西值得我们认真的研究。比如，高端讲座非常需要，现在很多人就会说讲座时间长了不行。根据我个人学习的经历，我最喜欢的就是听讲座，而且听讲座的时候只要是我喜欢的讲座是百听不厌，现在这样的讲座适合校长和教师的非常少。高端讲座，最需要新鲜、前瞻，系统、理性、有高度和深度，这个很重要。第二是高层论坛，我个人觉得今天这一活动本身，可以看作是高层论坛。为什么要高层，我个人认为有几个意思，最高层，最前沿，最前瞻，最新鲜，一般很难做到，我们经常会把最为高端的活动和项目，一般放到国家教育行政学院，就是考虑那是一个最好的大平台。第三种方式是跟岗。现在看来你要提升教师的实践能力，校长的实践能力，教学能力，管理能力，跟岗是最好的方式。现场学习，贴身学习。第四是名师名校长工作室。和跟岗有相同之处，但是更加集中，更加专门，更加专一，小团队，容易走向精深和精致。第五是微课题。我们现在都不断地讲要鼓励教师读书，泛泛提读书要求，仅仅叫别人读书是不够的，你要找到任务，提出读书范围，这在英语学习当中叫任务学习法，微课题、微项目和工程可能是把这些东西整合起来最好的方式。 第六点也是最后一点，培训应该走向专业化之路。真正的培训者，培训管理者，我们的教科研人员必须走向专业化，把管理做成一门学问，做成一门学科，做成一门专业，具体的不展开说。我们今天中国的培训研修这个领域，教科研部门和培训机构四位一体之后，我觉得我们必须做一件事，就是把这一个行业的，教育行业的这样一件事，这样一个学问，这样一个不是学科，说不清楚的一件事要做成一门，我个人觉得可以叫作培训专业，最后建立中国的教育培训学，这是最重要的一件事。

最后几句话，教师培训机构应该是教师发展的研究、指导，服务中心。培训管理者，研训员应该是具有研究、指导和服务能力的专业教师，唯此，才能真正赢得培训者的专业尊严。

第四篇

立德与树人

像敬畏天地自然一样敬畏教育家

在各地报告的现场，每每被校长、教师——且大多是教育精英层面的名校长和骨干教师问及愈演愈烈似乎不见稍减的"教育应试"状态你以为有没有改变的希望又何时看到曙光，我总是犹豫尴尬，难以言对。在基础教育一线的应试最前沿，教书、管理 20 余年，科研、培训及管理又 10 余年，几乎是活生生地眼看着教育的"育人"在一天天退守进而失守，而"教书"和"应试"则一路高歌猛进、攻城略地、所当无不披靡。尽管其间有"素质教育"的高调弘扬，更有课程改革的全力推进，但应试的根基从未稍有撼动，其发展势头也从未稍有衰减。如果说没有变化，那也不是真的。变化在哪？那就是"轰轰烈烈喊素质，扎扎实实搞应试"，对于应试，口头、媒体的批判和声讨，几乎与行政、教育、学校的拉动、推进和执行，齐头并进，各行其是，井水不犯河水。而教育官员或者相关行政官员在总结汇报教育工作时，一方面将应试的辉煌渲染得淋漓尽致，另一方面，却又毫不犹豫地夸说素质教育的优秀和卓越。这也实在是中国社会的一大世纪奇观。

但从中国社会发展的阶段来审视教育，却又属正常，转型社会自然会有转型教育，转型期的教育似乎就应该是这样的光景。指望教育超越社会政治经济而独完，大概不切合实际。

这样想来，我们需要的不是急迫，不是痛恨，也不是渴盼着一个早晨醒来后的改变。需要的是冷静和理性地看待和分析。比如尤其要在关乎教育的问题上，达成一些共识。比如说，现实的中国教育还远远不是理想的关乎孩子素质养成的教育，现实教育的严重应试倾向严重影响了孩子的身心健康和未来发展，中国孩子在基础教育阶段应有的道德和文明素养未能得到很好的培养，中国青年的整体文明素养和道德水准不高，尤其是与文明古国的身份地位不相吻合，这样的教育需要变革和调整，需要花大力气从根子上去改变。

假如有着这样的共识，我们就可以来探讨谁来改变和怎样改变的问题。

目前教育现状之成因，早已被不知多少专家学者所深究过，改变的办法和策略也不知有多少高人高见，我这里想换一个角度来谈谈。

在中国，一种行业某种现状的发生，常常源自于很复杂的背景因素，但一旦做大，形成关系链，形成利益集团，养痈成患，那就祸患无穷。要改变，往往要"待圣人出"。铁腕的伟人，和谐的团队、机构，或者卓越的群体，常常发挥着超乎寻常的作用。几乎与改革和市场开放伴生的"钱权交易"的"腐败"，一路做大做强，历多任领导而未稍有收敛，习李新政之下，王岐山率中纪委重拳出击，立时令官场风声鹤唳，贪腐之嚣张气焰消停许多。

教育的应试问题又如何呢？

想到郁达夫在鲁迅追悼会上说的一句话："一个没有英雄的民族是可悲的奴隶之邦，一个有英雄而不知尊重的民族则是不可救药的生物之群。"。这句话拿来言说教育问题合不合适呢？我以为是合适的。

办教育，究竟应该听谁的？办教育当然应该是听教育家的。那现实是，各地教育之决策，之举办，之实行，有没有、有多少是听了、听过教育家的呢？

最近看有关三峡工程的建设历史，才知道这一决策过程是异常漫长和繁杂的。直到今天，对这一工程责难和非议也从来没有断绝过。但回看当年的决策过程，还真的是科学的民主的，至少现在看，程序是没有多少可以挑剔之处的。难以计数的专家及团队，长期的实地考察和分析，大会小会的研究和争论，最后人代会上的投票表决。但尽管如此，个别顶级水利专家的意见没有能够被进一步的充分的听取，仔细地斟酌，还是留下遗憾，让人诟病。比如高端专家黄万里的声音就没有能够及时上达、高度重视，以至于直至三峡大坝建成后，出现的一些问题似乎不幸而被黄所言中。以致有高层领导在回忆录中还是在回避甚或推卸决策时自己的责任的。可见专家意见在重大专业问题的决策中的意义和价值。

但教育问题特别是地方教育决策问题有没有能够做到如此呢？很难。在中国几乎市县层面，就笔者的观察，基础教育的几乎所有问题一般都是政府领导和党委领导说了算的，有的就是一人说了算的。江苏北部的某一大县，曾经是革命老区，其重点高中的建设从选址、图纸设计、施工建设等都是书记一人定的。书记当年破土奠基时还放言，该学校要建设成世界一流高中，做到100年不过时。结果是，大概使用两三年之后，无数的问题接踵而至，以至于已经成了危房。当然该书记赶上习李新政的反腐，不小心也成了阶下囚。

这是特例。普遍的情形是，不管是什么人，不管干没干过教育，也不管是教育的失败者还是成功者，只要你一旦做了教育官员，做了行政官员，做了党的能够说了算的干部，面对教育，很多人都可以毫不犹豫、立竿见影地对教育信口开河、说三道四、指手画脚。就可以对着学校、对着校长、对着教师，包括哪怕是他（她）曾经就读的学校、授业的老师和校长。俨然一夜之间从一个基本是教育的局外人摇身而为教育的内行甚或是专家。

很小的时候，正当"文化大革命"，很多有文化的前辈甚或更前辈，被一个个"打翻在地"，还得"踏上一只脚"。很多被冠以"地富反坏右"的"坏人"在家里家外、人前人后，直不起腰，立不起身，抬不起头。记得每当夏夜，农人早已放工回家——那还是集体主义时期，生产大队的农田里被用竹竿挑起几盏灯，灯光异常昏暗。其下，村子里的"坏分子们"在已经劳作了一天之后，在一般人早已乘凉或者入睡之后，还得劳作到深夜。每每这时，我们兄弟姐妹总要"不三不四"地议论上几句，而我们的奶奶和妈妈总是要教育我们，不要随便说他们的坏话，这些人很了不得的。别人说什么你让别人说去，你们不可以。你看看其中的某某，某某，过去都是老师，他们可是圣人呢，古时都是要与皇帝平起平坐的呢？我们听了有点费解。这些人还跟皇帝并列，怎么可能？但心里不解归不解，但从此却再也不敢跟在别人家孩子后面对他们不恭不敬的。

我的祖父就更是了不得。这些"坏分子"，隔三岔五都会或单个或两三成群来我们家与祖父一起喝杯茶，聊聊天。祖父以前是私塾先生，道德文章，芳名流播乡里，又有三个成为国家干部的儿子，可以说是普受尊敬。祖父也总是对我说，这些人很多都是好人，你要尊敬他们。

现在回想当年，回想我的母亲和祖父母，他们对于有文化的有素养的特别是教师充满尊重和敬畏，其情感，朴素，简单，但却是一种如宗教般的庄重和执着。

也是，说到我的祖父，就因为做过私塾先生，在乡里的"威势"可以叫作不可理喻。即使今天，即使再有钱，即使官再大，即使再强悍，也无出当年我祖父之右者。村里"官员"解决不了的民事纠纷，总是我祖父出面调解，无有不从的。那时候，邻里乡亲只要看到我祖父的一点儿影子，都要老远赶来招呼和问候一声的，其虔诚和尊奉难以言表。

这是一种实实在在的对于教育、教师、教育专家的敬畏。

今天还有吗？

我想，假如今天的党委和行政，能够像当年的三峡工程决策一样更多的倾听和尊重专家的意见，每逢教育的重大决策，将教育专家当回事，与他们多商量，在集思广益之后再行决断，是不是要好许多呢？教育的状况和局面是不是会有逐步的改观呢？

答案是显然的！那什么时候我们的行政、我们的社会能够培养起对于教育专家的敬畏之情呢？

可能，教育之转型，需要行政首先从这里"转"起。

"互联网＋"时代：教师发展的重点和路向

先看一篇 2016 年 12 月 9 日《澳大利亚金融评论报》网站的短文：

在一个美好的夜晚，13 岁的李文伟（音）在 10 时 45 分做完了家庭作业。对这位初二的学生来说，放学后还要再学生数学、物理、语文和英语等课程 3 小时以上。每周，这种需要完成繁重作业的作息表持续 4 个晚上，而他们 5 天的学校生活从上午一直持续到下午。在周末，除了少量的休息时间外，李还需面对 8 小时工作量的家庭作业以及到补习班接受 4 小时的英语和物理辅导。对李来说，每周就意味着忙碌 77 小时，这种作息时间表将令任何企业律师和银行家汗颜。李的父母和老师们也不轻松。老师需要每天提前布置作业，然后在微信上发布答案，并要求家长签字以说明孩子已在规定时间内阅读课文。当晚 11 时 18 分，家长们还在微信群内交流子女完成作业的进展。所有这些都是为确保一位少年能考上高中。但这种努力也无法让所有人如愿以偿，在上海仅有 60% 学生跨入高中校门，从而参加以艰难著称的高考。与世界上大多数地区一样，他们的最终目的是进入名牌大学，然后再从事一份报酬丰厚的白领职业。

文章作者叫格雷德，特别有意思的是文章的题目：中国教育意味着某些孩子每周忙碌 77 小时。你的孩子能与他们竞争吗？

身处中国教育内部，阅读本文，真是五味杂陈，其细节描写的精准和典型化陈述的深入极度真实；而文题的有关"竞争"的追问我不知道是正面的夸赞还是反面的尖刻的嘲讽？

这文章所描述之教育情形，似乎不像是在 21 世纪的初叶，文明和科技已经相当现代、相当前沿的今天；如果将这"故事"的背景设定在遥远的古代、20 世纪中叶，我觉得可能还可以理解和接受。一旦置于眼前，而且是那样的真实，真让人恍若隔世，不知"今夕何夕"？

中国人中国教育这是怎么了？这样的教育这样的教育方式、学生学习方式与现实、现代社会、现代化、现代科技的进步和发展有什么关联呢？这种教育问题的症结究竟在哪里？这样的问题又怎么解决呢？

真是很难想象，这样一种教育情形，居然发生在第八次课程改革16年之后，并且教育内外又在轰轰烈烈地启动"深化课改"的背景之下。2001年启动课改时，从上至下，广泛动员，可谓声势浩大，几乎涉及中国每一所学校，每一位教师。主事者和核心专家信心满满，指望通过建构主义理论，通过创新和实践能力的目标导引，以课标建设、教材建设和教师教学理念更新作为支撑，一举推到盘踞基础教育多年的应试冰山。然而现实骨感，与课改的初衷几乎南辕北辙，这许多年来，教育内部的人士都明白，或者揣着明白装糊涂，一方面，那是对外的，素质教育、人的发展、以人为本都口号喊得山响，如果看公开发行的"宣传"素质教育的书籍和刊物，无论学者的还是行政的，无论典型介绍还是经验推广的，你整个感觉中国基础教育简直是人类最先进的教育，最科学的教育，成果最丰富的教育，因而是一流的教育。但现实呢？哪里需要澳大利亚人的隔靴搔痒，我们自己，只要有孩子，有孩子在学校哪怕是幼儿园学习，其感同身受，其痛心切齿，真是罄竹难书。基础教育，带给孩子，带给国人，哪里是"灾难"二字可以了得？但是"客体对象"之实际所感与主体之舆论所宣却如同阴阳两隔，一言以蔽之，教育本身的堕落，教育本身的本真丧失，已经背离教育的初衷，已经失去了作为教育的资格和资本。真不知第八次课程改革的"始作俑者"们，曾经意气风发，像当年大战"风车"的勇士一般宣战教育应试的"英雄"，10余年之后，也大都垂垂老矣，面对此情此景，又能何如之想？

可敬的是，即使在这样的背景下，极具智慧的教育专业人士，仍然不甘课改之前功尽弃，开始了有关课改"深化"的新一轮冲击。最近两年来，"核心素养"的概念高频次出现在专家报告、媒体和各类杂志和广大教师的论文中，获得业内的广泛欢呼与应和。笔者也对此乐见其成。但纵观学者们苦心孤诣或借鉴或独创的有关核心素养的完美体系，尤其是其中关于学生发展的理想构建和设计，虽然"高大上"，虽然无比正确和科学，虽然几乎完全是跟国际接轨，但还是喜忧参半。喜自不必说，如果我们民族和国家的未来真的能够按照如此理想的设计一样学习和发展，比如人文底蕴、学会学习，比如具有理性思维、批判质疑和用于探求一类的科学精神，那么未来的青年，未来的中国和中华民族又有什么理由不傲然"屹立于世界民族之林"而毫不逊色因而毫无愧色。问题是，这样的起点和定位究竟是基于人的发展的理想的，还是基于教育实施主体的发展现状和现实的？这样的理想，从社会现实、教育现实尤其是教育实施主体的现实，又有多少实现的可能？因为有两个不容回避的问题，这样的素质素养的要求，在当下之中国，就学校教师和校长的角度看，究竟有多少人具备或者基本具备？而且，一旦这样的理想的教育真要付诸实施，社会、行政尤其家长甚或部分学生又会有怎样的剧烈、极端的反响？这许多年来，总有一些或教育行政官员或学校校长，愤世嫉俗也不谙世事，于是剑走偏锋也一意孤行，想通过局部的个性化的"革命"，挑战这反教育的教育现实，却几乎无一例外的"折戟沉沙"，已经是最好的证明。

问题的关键是，习李新政之后，转型成为中国社会共识的"热词"。而且，短短几年间，政治、行政、社会、经济、文化、军队诸领域的改革有些是重大改革紧锣密鼓地进行，有些领域"转型"已经是真真切切的事实。有专家说："中国社会转型的关键在于教育转型。"其理由十分清楚，转型中国，尤需要适应转型社会需要的人才的支撑。于是，教育之转型也已经箭在弦上、迫在眉睫。既如此，教育转型应该从何处着手呢？看来，就基础教育而言，人才培养的目标和模式，教育教学的理念和方式，应该是关键。说白了，还是一句话，依据人的成长发展规律，培养适应未来社会和"转型"需要的人才。而这与十余年前课改的"初衷"是一致的。而当下教育愈演愈烈的"应试"竞争的惊涛骇浪，距离这样"初衷"之实现，何止十万八千里。

而今天，是技术和信息瞬息万变、一日千里的时代。假如做一个想象，让明朝时候的吴承恩复活，一个曾经在那样的时代就经由纵横驰骋的想象创造出《西游记》和其中孙悟空这样一个筋斗翻出十万八千里的文学形象的作家，他也会目瞪口呆。互联网、云平台、云计算、大数据以及已经开始出现的"物联网"，现代科技的力量对于生活、社会和人的发展的"改变"几乎达到了匪夷所思的地步。而意念控制、记忆移植、量子力学等对于未来时代的发展的影响，将会是一个令人觉得万分疯狂的理念，而有极大的可能，这些都将成为扎扎实实的事实。所以有人说："你不能忽视稚嫩的现在，他们或许是不可撤销的未来。""三十年前我们如果将今天的生存、生活搬上荧幕，那就是极好的'科幻'。那么，在30年后的2047年回首，我们将会发现，今天，一个以人为中心的智能革命时代已徐徐展开。"

比如，借助互联网平台的网络学习、与之紧密关联的"翻转课堂"几乎已经一天天"兵临城下"。问题的关键就在于，借助网络、借助海量资源，一个具备基本的学习能力的人就可以充分自主地借助一定的工具和方法阅读学习。也就是说，"学习者中心"，学生自主、主体，经由网络技术真的逐渐成了现实。这就是我们一直孜孜以求的教育理想。但当这样的理想在一个早晨降临大地的时候，传统的学校、教学、课堂的概念都将随着这样的技术进步和网络世界迎受巨大的挑战，一个孩子今后还需不需要像今天这样在学校课堂中"正襟危坐"？还需不需要各科教师在课堂里正儿八经地"面授机宜"？信手拈来的"知识"、少有含金量的"方法"，还需要教师的帮助吗？再说，当学生在网络的汪洋大海中随意点击，获取到世界一流教师教学的微视频，真正得到了教学"圣手""仙人"的指点迷津，今天在课堂里盛气凌人、自以为是实际只是做着机械的应试劳动的大量的比较平庸的教师们，还怎么面对学生？怎么应对孩子们无限制无限度的几乎是天量的"问题"和质疑？正如同很多老师经常抱怨"现在的书真是没法教了"，问其究竟，乃因为，随着出版业的放开和自媒体时代的到来，学生、家长掌控的教学资源几乎可以与教师等量齐观，学生可以同样购买到与教师一模一样的教学指导用书和教学辅助用书。"秘籍"不"秘"，教师自然难以在学生面前称"绝"！

从历史发展的规律看，技术革命的潮流从来势不可挡，无以逆转。它对于生活和人生的改变，对于社会和世界的改变，已不是有无和可否的问题，只是多少和快慢的差异。互联网、物联网的对于教育教学的冲击无法估量，那么，学校和家庭如今所采取的教育孩子的种种方式与这种教育所培养出来的孩子与孩子所必将生活的未来社会又有什么关联呢？

现在看来，在汹涌澎湃的技术革命、社会转型、教育改革等的浪潮中，我国的基础教育、教学模式和方式、学校和家庭对于教育变革的认识和理解，都还处在相当"原始"的状态和阶段。

这是存在着相当大的潜在的危险和威胁的。而且，从现实看，解决问题的思路、策略、节奏和速度也是存在着巨大问题的。

纵观最近20年的教育改革的"步履"，不论是轰轰烈的第八次课改，还是各地零打碎敲的高考模式改革试点，其结果和效果基本是令人失望的。所以如此说，因为有一个检测的指标，那就是，这样的"改革"对于教育应试状况有无改善，对于人才成长的环境有无改善。假如一种改革，带来的是如文章开头所述的学生还是如古人那样"三更灯火五更鸡"却又不如古人那样的做题学习这样的结局，妄言其成功，岂不瞪着眼睛说瞎话？

我以为，中国基础教育改革的问题，尤其是 20 余年间累积起来的应试的巨大的冰山，撼动和融化它，早已非一人一地之力、零打碎敲之策所能稍作改变。"精准"的变革，必须综合施治，必须在精心规划的"顶层设计"之下，以 10 年、20 年的"常规战争"的耐心和"啃硬骨头"的洪荒之力才能实现。从这一意义而言，指望"核心素养"这样的细节功夫来改造教育教学，极有可能遭遇如第八次课改一样的一地鸡毛般的结果。

也有可喜的消息，这是 2017 年新年伊始关于教育最为令人振奋的信息。1 月 20 日，在教育部召开民主党派教育工作座谈会上，教育部长陈宝生在谈到未来教育改革问题时说："稳中求进、狠抓落实是新一年教育工作的两个基点，要变改革的单项突破为系统性、全面性变革，重心下沉、形成系统、抓好落实。""系统"和"全面"两词我以为切中这许多年教育改革成效不彰的症结。

那么，究竟如何在未来教育转型、改革中贯彻"系统"和"全面"的思想、原则呢？我以为，在高位、高屋建瓴的顶层设计之外，还是要抓关键，抓要害。基础教育的关键是和要害究竟是什么呢？

教师，教师，还是教师！

21 世纪初叶，第八次课改强势推出之时，教育部考察团出访美国教育部，当得知中国正在推开课程改革并以"建构主义理论"作为指导思想时，美国教育部一位高官在"外交辞令"式的称赏之后，友情提醒：20 世纪 80 年代，美国也进行过一次规模宏大的课程改革，也是以"建构主义"作为理论基础，不幸得很，最终失败了。但这次失败给我们很重要的警醒，那就是，教育领域的改革不可能毕其功于一役，教育领域尤其是教学层面的变革必须以教师素质的提升为前提，教育的改变必须从教师改变做起。

这段话对当下我国教育的改革仍有启示。当近 10 余年教育现代化建设已经卓具成效时，学校内涵建设已经被提到各级各类部门的重要的议事日程，其中的关键之点，就在教师。教育部以下，直到学校，对于教师于教育的价值意义的认识越来越充分，教师培养培训的投入越来越到位，全社会基本达成了"教师即教育"的共识。但问题的关键是，当下及未来的教师究竟应该成为什么样的人？教师应该如何发展？这些问题还需要进一步分辨和厘清。

科技革命、网络技术、社会转型、学习者中心，如此背景下，传统的以"传道、授业、解惑"为己任的教师，其功能价值、技能素养等，也都将相应变化和调整。

人文综合素质、现代教学素养、理性个性精神、学习发展能力，应该成为未来教师发展的重点。

"人文品德素质"，是就教师的综合素养而言。如果我们认可韩愈所言"传道"，现代师范教育所遵循的"学高为师，身正为范"，中央所确定的教育使命"立德树人"，那么对于教师提出较高和崇高的道德、人文道德都是可以理解的。最为重要的问题是，"文革"终结后，市场大潮席卷，精神崩塌之后的利益追逐，使得"转型期"的社会物欲横流，人心不古。覆巢之下，教师队伍也难以幸免。部分教师无敬畏，少底线，不尽责，心不在焉，众所周知的教育道德失范现象时时处处不断上演，几乎已成不可逆之势。不仅如此，这一类教师一旦走进课堂，一旦上起"班会课"，还得一本正经、道貌岸然地讲德行，论高尚，夸无私。这就不是一般的道德失范问题，而是远远越出了"求真守真"的教育底线了。这种教育，如果任由泛滥，将是"伪教育"的发端；如果不改变，将是中国教育的灾难。只要教育"树人"之初心不改，那教育工作者崇尚"人文"、进修"道德"的征程就永无止境。因为这是从教者无从替代的教育资本、资格和资质。

"现代教学素养"，是相对于传统而言。"教学素养"是教师专业的核心元素，这也是教师区别于其他职业的关键之点。教学素养的基础和前提是"学科素养"，也就是教师所教学科的专业知识和能力，常常被我们誉之为"功底"或者"童子功"的东西。所谓"教学"，本质而言，就是教师将自己具有的"学科素养"通过种种努力转化而为学生的"素养"。就此而言，教师自己有"一桶水"的学科素养才可能给以学生丰富优质的学科素养。考量现实教师的现状，具备如此丰厚素养的教师比例不是越来越高，而是越来越少。不仅如此，教学素养还需要大量的技术、工具和方法的支持。当下最为重要的是网络技术平台和相关工具的运用成为教师教学素养的基本元素。这就决定了任何教师都必须及时更新理念，掌握技术，顺利实现教学策略和方法的转型。尤为重要的是，当现代社会、网络"互联""物联"，"学习者中心"成为必然和自然，教师教学素养的内涵也在更新，"引领、指导、示范"和"策划、组织、激发"等，超越一般的"授业、解惑"，成为针对网上"先学"后的学生"教学"的主要功能和价值，于是，教师再也不是传统的教给学生知识的教师，而是教学生如何学习的教师。那些仅仅擅长知识传授、技能训练的"机械工程师"一般的教师，在借助网络、微课程和海量资源支持的"翻转课堂"的现代教育情境中，终将遭遇被淘汰的厄运。

　　"理性个性精神"，一向是我国教育工作者极为稀缺的特质。教育的太过"一统"的管理体制和太重"全面"的发展机制，教学的分数应试和一元评价模式，历史渊源和社会文化环境以及代代教师的层递传承，几乎顺理成章、不露痕迹地引致教师个性的自然缺失。而实践者自身的实践"局域"，繁杂的教学事务和如山的竞争压力导致的视野偏狭和思维屏障，以及这许多年来少量理论家的话语霸权扩张，使得广大教师理性思维不彰或者逐渐萎缩。于是，下列"怪相"的常见就不奇怪了：一种理论、一种思想，一旦被引入，被权威宣讲，就成为铁律，就成为几乎所有教育人追捧的对象；一个专家的教育观点，一种被媒体传播的经验模式，就成为校长、学校、教师竞相效仿的目标；很多校长和教师，总因为不能夸夸言说理论，而在面对理论家和学者时，自觉低矮三分，自觉理不直、气不壮。课改之后，广大教师、校长个性迷失、自信心不足、思维理性不强，成为制约教师、教学和学校发展的主要因素。当"核心素养"成为未来课改深化的重要"抓手"，当理性、个性、实践、创新等成为学生发展的重要元素，当学校转型、学生培养和发展目标和方式的转型成为当务之急，如此状态的教师队伍又如何应对、担当和胜任呢？

　　"学习发展能力"，这本不是问题，教师是教人学习发展的；自身不学习、不发展，又何以教人？但今天的教育现实恰恰与之逆理悖行。不想学习，不会发展，拒斥培训，抗议"被教育"，在某些区域成为常态。从客观上讲，教育的应试早已演化为赤裸裸的分数和升学率的"常规战争"，学校与学校、校长与校长之间的比拼实际就是教师之间的比拼，各种各样假以质量提升美名的应试奇招和教学管理绝技已经让教师的教学生活，与学生的学习生活一样无诗性无情趣，几乎"暗无天日"；而教育行政和非教育行政对于学校管控的失常、无序和越来越多的非理性，导致教师工作混杂、忙乱和对于教学的游离和疏远，教师少有可以自己自由支配的时空；教育的应试虽然带给教师永无止境的分数比拼的压力，但很难形成教师对于新知追求的推动，因为无论怎样的测试，只要框定了知识点和能力点，就标志着范围和难度的规定性和稳定性，也就决定了其技术突破和从容应对的可能。于是，就一般教师而言，可能只需要在应试的技巧和策略上做一些揣摩和研究，至于专业和素质，人文和道德，跟分数比拼的教学没有什么大关系，就不那么迫切了。而且职称评审之类原本可以引导教师专业发展的"利器"，由于标准异化，仅仅关注课题、论文的数量和发表级别，而这又因"枪手"、期刊的"合力"作为，迅速演变为商业市场的经营行为，于是"金钱可以搞定一切"的法则，一无阻隔地让本应"神圣"的职称注水，教师发展的"专业"和欲望无限"打折"。当然，现实中，对教师发展发挥着引领、激发作用的"培训"，也因为个别以营利为主要目的培训机构的敷衍失责和非专业操作，让教师们乘兴而来，扫兴而归。

依据内外因关系的哲学原理，一个人的成长和发展，外因从来都是变化的条件，内因才是变化的根据。尽管如上所述的问题普遍存在，大量的客观因素包括行政官员和校长对于教师发展的认识不足和偏见犹存，严重影响和制约着教师发展和教师队伍建设，但我们也仍然看到，各地依然有许多优秀者艰苦拼搏、奋发图强，经十余数十年苦行而不稍辍，终成一代名师。观察他们成长成功的轨迹，你会发现，做好教师，把学生教好，教出好学生，成为学生永久铭记的好教师，是其始终不渝的心志和追求。

教师发展中的问题需要教师通过自学、研究、进修等方式来解决，教师发展需要教师的自身励志，社会各界尤其是教育内部齐心协力，尤其是管其所该管，放其所应放，矫偏救失，彻改教育生态，使教师工作有余暇，心灵有自由，内外因合力，专业就成为核心，发展就成为自然和必然。这也是最近多年来"培训"工作越发显得重要且上下高度重视的缘由。

本文完稿时，正读到教育部教师工作司 2017 年工作要点，其中，"强化师德师风建设，提升师范教育质量，增强教师培训实效，抓好乡村教师工作"被重点提及，其间所体现出来的关于教师队伍建设的"全面观""系统观"与教育部主要领导人所提出的未来教育改革的"顶层设计"可谓一脉相承、一以贯之。而更为可喜的是，据高层吹风，要点表述中，显见教育高层对于教师发展工作的空前高度的重视，据悉，2017 年年中，中共中央将召开指向教师队伍建设的工作大会，届时，将出台专门指向教师尤其是农村教师发展的一批文件，有专家预测，2017 年将成为"中国教师发展年"。

古诗云："云霞出海曙，梅柳渡江春。"教育改革如"云霞"已经"出海"，教师发展像"梅柳"正在"渡江"，有此前提，可以说，中国教育转型的"曙光"必将普照，转型教育的"春天"必将山花烂漫。

教育：人世间最优雅的生活方式

　　"教师也是人"这句话是从"领导也是人""移植"而来，言说者的初衷主要是希望人们用平常心、客观视角来看待和评价教师这个群体，不要总是用超高的标准和要求，用变异的眼光和态度来审视、评判教师这一群体。假如是从生活要求、工作状态和常人情感的角度来看，从打破教师职业神秘感和"师道尊严"威势的角度来看，这句话自然不错。但若是从教育精神和境界、学生培养和发展的高度来说，此一表述则有所不妥。这似乎有为教师这一特殊群体的精神品德的降格而推卸搪塞、辩解辩护之嫌疑。在一个教师培训工作研讨会的现场，一位学者的话发人深省：就教师职业而言，我不很认同"守住底线"的说法，因为这样的表述太过模糊，这底线，是多做好事的底线，还是少做坏事不做坏事的底线？是人格高尚的底线，还是一般人格的底线？我以为做教师就是要不断抬高道德的底线。

　　这实在是一个值得商量并需要仔细澄清的问题。笔者一直以来总是把公务人员、医卫工作者和教师看成是一个国家稳定、健康发展的三块基石。以为只要这三块基石真正能砥柱中流，这个国家必将繁荣昌盛。但教师又是这三者中最为特殊的群体。教师不是公务员。公务人员管理或者说"服务"的对象是成人，其相互间是一种法规约束之下的对等的交往关系，"公仆"必须按照公务法规做出相应的"服务"，完成相应的工作，给服务对象以一个非常明确的交代。任何一个被管理者都可以通过身体力量或者法律手段对"强权"对不公对迫害做出反抗和斗争。教师不是医卫工作者。成人或者在成人护卫下的孩子到医院就医，病患者及其家属通过保险和就医费用等与医方达成契约，医方必须认真履行医疗天职，给病人治愈病痛的回报。若是医生医德不彰，医术较差，带来病人不应有的周折和困苦，病患者及家人完全可以采取多种合法的路径申诉，以赢得应有的医疗服务。

　　教师作为国家聘请的公职人员，面对的是一个个学生群体，学生多半不是成人，即便是，也还只是不谙世事的准成人而已，而教育教学的服务很难通过量化指标来完整精准地反映，尽管有火爆的应试分数的比拼，但那也只是教育或者说变异了的教育生活的冰山一角。因而，一旦遭遇问题，要求中小学生在学校中像成人那样向学校和教师去争取权利、争取应得的服务，这是很少可能的。于是，任何人都可以想象，将家庭和民族未来的孩子一生的奠基工程交付这样一个群体，要求这样一个群体有高尚的人格和品德、无比地敬业和尽职，那无论怎样的期盼都是一点也不过分的。换句话说，一个人，既然选择了教师这个职业，就无论如何都得抬高道德的底线，而不是守住底线——最低的或者是较低的道德要求和标准的问题。

　　理想丰满而光鲜，现实骨感而残酷。在全国各地，在许多与校长教师交流的现场，每每提及"教师是太阳底下最光辉的事业""教师是人类灵魂的工程师"的一类句子，都会见闻到许多不由自主的"笑"。此笑声音不大不小，态度不冷不热，其义实在含混晦涩，很难准确描绘其情感性质和底色。每当此时，我都会背脊上一阵阴冷。

　　是的，现实，市场，社会转型，功利和物欲，光怪陆离之下，教师工作和教育生活焉能总是超然物外？教师也是现实生活中有七情六欲，须顾及家人和柴米油盐的凡夫俗子，有私心，有娱乐，有个人追求，有小我的情感世界，要求今天的所有教师像古代颜回那样"一箪食，一瓢饮"地"苦行"既不可行，也无必要。但教师不是一般的公务人员，也不是一般的医卫工作者，更不是一个普通的公民，一个要用心灵去摇动和感化一群人心灵的人，一个要用心智去教导和影响一群人心智的人，理应有着有别于一般人的一种精神，一种灵魂，一种生活方式。就好像既然背起了行囊，就必然要目光紧盯着远方一样，义无反顾，无怨无悔。

　　我以为选择教育就是选择了诲人不倦。

　　教书育人是教师的天职。教学生各学科的知识、能力和素养，教学生立身处世的道识、境界和价值观，让学生从课堂里识人生，校园里看世界，充实心田，奠定根基，为自己成长，为社会进步，为民族崛起。于是教学者就得从每天的每一课教学、每一次交流、每一次碰面，直至每一学期、一学年甚至一辈子，教学者就得按照教育教学的规律，科学施教。当应试的压力如山，当分数的比拼如潮，这就需要为师者有耐心、有意志、有毅力，并持之以恒、心无旁骛、奉献终身。"教书",就得按照"教"的规范和要求,按照知能的特点和学生的个性,孜孜以求,扎实到位,教会孩子各学科的知识、能力和素养;"育人",就得按照全面发展的人的要求尤其是道德养成的规律,真正用"育"的方式而不是"教"的方式来育人。现实学校之"育人","知多行少";说教多,行为示范少;老师要求多,落到实处少;名义上重视实际上轻忽,形式上繁杂实质上空洞,德育工作的针对性和实效性问题没有获得实实在在的解决,所以十八届三中全会在论及基础教育改革发展时明确提出"形成爱学习、爱劳动、爱祖国活动的有效形式和长效机制"。长期以来"育德"的难以"有效"和"长效",就因为我们对德育工作的认识和理解有重大偏差,误"育"为"教",以"教书"之法来"育德",自然是南辕北辙。那么,究竟什么是"育"呢?"言传为教,身教为育",所谓"育人",便是育人者做给被育的人看。从这一意义上讲,为师者的才德之优异和高尚几乎是底线的要求。这自然与怠惰、懒散无关,与无慧根的撞钟的和尚、多智谋的投机的商人、很功利的攀高的政客无关。

科学精神,恒久毅力,坚韧品格,宏阔视野,为师者的"诲人"风范总让人想到"衣带渐宽终不悔,为伊消得人憔悴";想到"洛阳亲友如相问,一片冰心在玉壶";想到"先生之风,山高水长"。这就需要为师者进学不辍、修身不止,不断锤炼自己的思维品质。

选择教育就是选择了学而不厌。

就好像"求流之长者必浚其源",有支出必须要有收入,才可以保持收支平衡、健康发展,为师者即使曾经有一身的学养、厚实的功底,也还是要不辍学习、努力吸收。现实中,也许是应试之"必然",很多教师被"恶谥"加身:"在中国,那一群最应该读书的人,就最不读书";很多老师被称之为"三本书(一本教材、一本教参、一本教辅用书)老师"。尽管言辞刻薄,但不读书、靠"依葫芦画瓢"混教育的却也并非个别。同样是本科院校的毕业生,有人留校,我们则走进了中小学。一二十年之后,在大学做老师的,大多成了学者专家,教授博导,成了学科的领军人物。何以如此?乃学习之异也。我以为中小学老师之阅读,旨在充实、更新知识特别是学科专业知识,学习、提升素养特别是教育教学素养,修炼精神特别是人文精神,改善思维特别是理性思维。从方法的层面,我觉得最为重要的是宽口径阅读和专题指向性阅读。前者重视的是为师者的综合素养,是知识的宽度。古人之所谓"上通天文,下通地理""秀才不出门,全知天下事",便是要求为师者真正成为"杂家"和"博通之士"。因为"有教无类""因材施教",复杂的教学对象要求为师者必须具有全能型"武功"以应对各类个体和群体，应对意料内外的各种事件和情况。后者重视的是为师者的处理和解决教学问题的能力。针对问题，伴随思索，致力解决，相当于工程中"定点爆破"，这样的阅读过程是研究的过程，当然也是快速成长和发展的过程。每一位老师每一次教学设计的过程，从广览群书，材料搜集，博采众长，资源整合，到课堂结构，程序安排，活动、方法选取，严格说来，几乎都是一次专题指向性的阅读、研究过程。在各类阅读中，在教育教学的每一个环节里，自求进步，教学相长，这是任何职业的他人都求之不得的优势和境界。

这样说来，几乎毫无疑问的，每一位老师要想成为一位称职、优秀的老师，都必须是彻头彻尾、终身不辍的读书家。

选择教育就是选择了思维理性。

论及教育的应试顽症问题，论及课改"深水区"问题，论及学校发展的种种"反文化"现象，我总觉得有一个因素不可忽视，便是中国教师在所谓理论和专家面前的"集体失语"。比如对诸如"三维目标""合作学习"理念的狂热追捧，对某些教学模式的一味膜拜，对某些名师的极度迷信，对行政和社会干预和裹挟教育并陷教育于应试绝境的听之任之甚至随波逐流，抱薪救火；相反，对于几乎一直伴随并影响我们的那些经验、道理、常识，却熟视无睹甚至弃如敝屣，这既是知能、底气的问题，也是教育精神和思维品质的问题。

理性思维是一种有明确的思维方向，有充分的思维依据，能对事物或问题进行观察、比较、分析、综合、抽象与概括的一种思维。说得简单些理性思维就是一种建立在证据和逻辑推理基础上的思维方式。我总以为，我国基础教育的尴尬和狼狈，还是需要我们自身来拯救，拯救我们的教育，尤其需要中国教师的理性回归和提升。

比如实践自信，深度反思，敢于求真，大胆质疑，科学思辨，这些我们久违的或者"口有言而实不至"的优秀的思维品质，需要我们不断培养、修炼和发展。当假以"建构"之名而否定教师"教"的价值的教学模式风行，就该深度研究自主"建构"的心理机制、过程以及"他人"在这一过程中可以或者说应该发挥的作用；当假以"合作"之名的"小组"侵入课堂，就该仔细探求"合作"与"自主"、个体与团队在学习过程中各自的作用及内在关系，就该反思曾经是学生的我们学科学习的经历和经验；当各类假以"课改"之名求偏求怪的应试"绝招"像恶魔般翩跹起舞，就该深度追问，它与教育和素质发展的本质、与课改的价值追求之间究竟有多少切合。

自信，才不会盲从和迷失真我；求真，才不会迷惑和与伪善为伍；质疑，才可能渐近科学和真理。如此，我们才有资本和资格，致力熏陶渐染出学生的优秀品质的思维。

选择教育就是选择了尚德修身。

如前所说，决定教师形象和地位的最为重要的因子就是德行，就是通常我们所谓的师德和人文素养。德育为首，育人为先，几乎是我们一切教育行政、教育标准的基本要求，正好像我们要求领导干部必须"德才兼备"一样，师之有德显得尤为重要。问题是，种种客观和主观因素导致今天师风日下，有专家说，假如说教师之腾飞依靠"教学素养"和"人文素养"两个翅膀的话，那么现实中不少老师的"人文"之翅已经破损和折断，既然育人者本人既缺少教育的技能和艺术，又缺乏育德的资本，这"资本"就是自身高尚的情感、态度、价值观，优异的师德和人文精神，就此而言，言老师"教书"可以，"育人"则勉为其难。此言虽有极端，却也警醒我们每一个老师，修炼和提升我们的师德和人文有多么重要。

就此而言，即使是一个德行起点并不很优秀的教师，一旦投身此项事业，你即便是从本职的角度，专业的方面，也该义无反顾、义不容辞地"诚心、正意、修身"以吻合于"教书育人"的基本要义。

这其中最为关键的是如下几个方面：一是善良和宽容。与人为善，诚厚为本，将所有学生当成是自己的孩子，看成是年青时候的自己，宽容学生的一切错失，大事化小，小事化了，对学生而言，这是老师一切高贵品德的基础。二是尊重和保护。学生的个性品质与生俱来，也许我们并没有多少能耐来培养学生的创新能力，但是我们可以通过学校和课堂提供他们创新潜能成长和发展必需的资源、环境和条件，我们更可以对这些富有"锋芒""反骨""对抗""傲气""自负"等特点的不"听话"的孩子宽容、尊重和保护，至少我们不能有意无意地予以贬损和戕害。三是平等与敬畏。所谓平等，重点看他是否善待平民学生、贫困学生、残疾学生和学困生；我们一向总强调学生对于教育、学校和教师的敬畏，实际上，敬畏应是双向的，没有学生，哪有学校？没有学生，哪有教师？于是教师敬畏学生和家长便是天经地义的。有此敬畏之心，责任、无私、真爱、敬业便是不言而喻的了。

教过20余年的中学，送过近十届学生，近些年来，偶尔参加当年的学生们的各种形式的聚会，才知道，被学生们一直记住的老师，与是否是班主任、是否相貌标致、是否才华横溢无关，一定关乎的，是大爱、高德和人文情怀。

育人，那是为人最伟大的功德；阅读，那是生命最优美的姿态；理性，那是思维最优秀的品质；而修德，那几乎是人生最崇高的境界。

教育，真正是太阳底下最光辉的事业，真正是人世间最优雅的生活！

基础教育"德育"问题的现实思考

修身齐家而治平，仁政德政可立国，儒家哲学的这一核心价值观，在中国几乎古往今来而从不稍衰。依这样的"理念"来设计和实施我国的教育，谁都能够想象其中"德育"工作的地位和力度：教育方针和目标一直将"德育"置于"上上位"，涉及校长、教师、课程等几乎所有的"专业标准"中，"德育为首""立德为先"等理念和观点一直占据要位。围绕学校德育工作，从上至下的行政机构尤其是教育主管部门都会不断出台相关的决定和意见。而且越到基层，不仅教育，部委办的诸多部门和机构，对学校"德育"工作的关注和工作支持程度和力度超乎一般的行政"作为"。在德育问题上，"一切为了孩子"，全社会尤其是党委政府真的是名副其实。

学校尤甚。在基础教育的所有学校，从面上看，德育工作几乎是学校顶天立地的大事儿，渗透到学校工作的方方面面，点点滴滴。无事不跟德育相关，无人不跟德育相连。

一是管理育德。在我国的任何学校，都有十分完备的德育管理系统和组织架构。一般有四个层级。第一是校长。一把手校长从来都是德育工作的第一责任人，分管德育工作的副校长自然是直接责任人，有些学校的党书记也有承担一定的领导责任。第二是中层。德育处（或称政教处）、团委（小学叫"少先队辅导员"）、学生会，从不同的对象、工作重点、层面负责德育工作的具体实施。第三是班主任。这是德育管理的基层。每班至少1位的班主任是德育工作的"执行人"，他们从微观的层面将"上级"涉及学生德育的所有指令和要求落细落小落实。第四是班委会。这些班级学生代表在班主任领导进行班级管理，成为班主任落实德育工作的得力助手。这样的围绕德育核心所搭建的管理架构几乎"管控"了学生学校生活的所有方面和领域。

二是课程育德。理论上讲，有什么样的课程就会有什么样的教育，也就有什么样的学生。重视德育课程的建设和实施是我国基础教育的重要特点。经历了新中国成立后 60 余年的发展，如今的国家课程体系中，德育课程已是相当完善。从小学的"品德与生活""品德与社会"到中学的"思想品德""思想政治"，可以说其内容涉及广义"政治"领域的方方面面。不仅如此，任何一所学校，都有自己根据学生特点和学校特点的地方和校本的政治课程，且品类繁多，形式多样，大多表现为"实践性"或者"活动性"特点。比如很多小学，将"三字经"等传统蒙学教材原封不动引进课堂，试图以此为"源头活水"改革和改善现实的德育教育。不仅如此，课改以来，对于非德育课程的"育德"功能的强调和强化也越来越甚，除了不少专家和领导反复申明每一门课程都担当着德育的重任之外，还有一些教科研工作者发出"创新"之论：每一学科的每一堂课都得确立"德育"目标，也即所谓的"三维目标"中的"第三维目标"，试图借此完成德育任务。

三是环境育德。多年来，学校文化建设成为很多区域基础教育升级换代大发展的新的"增长极"。很多学校正是在这样的背景下，给道路和建筑命名，为草坪和墙壁做文字和图片的"装饰"，设立专门的传统道德和英雄人物的展馆。一时间，道德成为学校文化"打造"过程中最为核心、最为关键的"题眼"。笔者考察过国内多所据称文化建设很为优秀的学校，身处其间，会让人真正感受到"道德博物院"的浓烈氛围。

许多年来，我们广大的德育工作者，正是通过多种形式和内容的管理、课程和文化建设，通过大量的甚至是不断改革创新的主题、专题、报告、规范、"活动"等全力落实和推进着学校的德育工作。可以不夸张地说，我国现实的基础教育在德育方面重视的程度、投注的精力、付出的代价无论纵向看还是横向比都是难有匹敌的。

问题的要害就在于，我们并没有赢得与如此付出相应的回报，我们的学生，我们培养出来被寄予无限希望的青少年，其道德品格还很难说尽善尽美，与理想的目标还有较大的差距。

多年前，全国人大常委会副委员长许嘉璐在一个现场借助从教育部获得的调查数据透露，近年来未成年人犯罪率上升一倍以上，而且 65% 以上都是团伙犯罪。游戏、网络成瘾的超过 200 万人，而且这个数字还在迅速上升当中。这一情形在今天显然是愈演愈烈，最高法的一位官员披露，近些年来，青少年犯罪增长率在13%以上。不仅如此，近三年来，原是难得"净土"的学校竟然屡屡出现学生杀害老师的恶性事件，有专家统计，已有30起左右。

文明素养和行为习惯方面，问题很多。10月1日，11万人冒雨观看升旗仪式，升旗仪式后，天安门广场满地垃圾，最密集处甚至看不到地面，初步估计多达5吨左右，这是一个很不光彩的情节故事，也是一组让国人很无尊严的数据。11万人中，应该说有1/3到1/2是中小学生，其余大多是学生家长。实际上，学生家长的绝大多数也都曾经是我们的学生。天安门广场，国旗下，绝对神圣的场景；清晨，升旗卫士，国歌，升旗，绝对庄严的时刻，而所有人几乎都是为着表达对祖国的深爱而来。这原本应该最可以激发人的"正能量"的时刻和地方，发生如此"惨不忍睹"的极不文明的行为，怎不令人痛心疾首。

人格"分裂"现象明显。据南通大学部分教授的研究表明，在待人接物、遵纪守法等诸多方面，绝大多数学生在学校、社会和家庭中的表现都呈现出不同甚至完全不同的样态。

这实在是需要我们做教育的做德育的，需要我们包括教育部在内的行政部门的所有老师和管理者极度的关注和重视。

问题究竟出在哪里？

很多人都会不假思索地把问题的症结归结到大的社会环境。这许多年来，从上至下，从官场到民间，从经营到军营，被扭曲了的"市场"规则的全面或者说无孔不入的侵入和渗透，已经使得原本净土的学校"难以独完"。学校要在这样的汹涌"大潮"中"不蔓不枝，亭亭净植"，卓尔不群，真是难以上青天。有人说，老师也是人；也有人说，老师也要养家糊口。这已经表明老师的道德底线有被突破的危险或者说已经被部分地突破；更为重要的是，即使老师和校长"俨然君子矣"，但学校中周一至周五中规中矩的教育，道貌岸然的准则，一丝不苟的坚守和保持，一旦到周末，一旦回到家庭和社会，家庭成员的习惯、亲朋好友的言论、邻里百姓的行为，立马让孩子无所适从。很多老师说，学校德育几乎就是处在"人民战争"的汪洋大海中的一座孤岛，几乎就是五加二等于零甚或负值。

这一方面揭出了学校德育的现实困境，另一方面也表明学校德育工作又有改善和发展的空间。为什么我们的德育会如此弱不禁风？为什么我们主流的"正能量"竟然会"正不压邪"？我们的自以为是的"德育"无论是理念、教学实施还是评价是不是有值得商榷、进一步改良和完善的地方呢？唯物辩证法的基本原理告诉我们，打铁还需自身硬，在万事万物发展变化的过程中，内因总是变化的根据，外因是变化的条件，外因只有通过内因才能起作用。在学生道德形成的过程中，学生自身是变化的主体；在学校德育工作中，学校自身也是变化的主体。从学生自身和学校自身找原因，觅良策，可能是现今德育工作改革发展的唯一出路。

一是对于学生道德形成机制的认识还不到位。

论及教育，我们总是用"教书育人"来加以阐释。细加辨析，"书"是可以"教"的，"人"则是需要"育"的，就是说，"教"和"育"是有一定的区别的。

从两者的内容和目标的角度而言之，"教"可能更多地指向生活的技能和方法，"育"则更多地指向个性、品德和人格的层面。从方法的层面而言之，"教"主要表现为"言说"和"指令"，表现为被教者的"模仿"和"练习"的速成；那德行、精神之"育"又应该是怎样的呢？

很多人都知道农民种植水稻的情形。水稻的种植必经"育秧"过程。仲春时节，家家户户都会将一小块田地翻耕曝晒，灌上水，在土中拌上肥料，反复耘耥后，做成垄状。接着把浸泡过的稻种均匀地播撒在田垄的表面，并在田垄上洒上草木灰，条件好的还会在每一田垄上支上塑料薄膜，以作保温之用。这些工作完成后，农民就几乎不再需要下田。他只需要时时关注天气的变化。有寒流来袭，他会将田里灌上水并将塑料薄膜覆盖于垄上，是为保温；一旦气温升高，他又会掀开塑料薄膜，将水放干，是为降温。在几乎整个培育秧苗的过程中，几乎从未看到有农民会每天赤脚下田，性急地拨拉出稻种，查看有没有爆牙的；农民几乎总是在做着"外围"的工作：打造良好的温床，配置最佳的水肥，调控适当的温度和湿度等。基础和资源，环境和条件，观察和帮助，就是培育者的基本的工作。但永远不会贴身，不会"耳提面命"。看来，远远地看着，似乎是"育"的一种基本姿态。而资源支持，行为表率，耐心、虔诚，全身心地投入，无声低调可能是"育"的基本内容和特点。

但我们现实教育中许多育德的理念和方式方法恰恰与之背道而驰，有些几乎一点也不切合于"育"的规律和特点。

二是对于基础教育德育课程的性质定位的认识还不很准确。

一个孩子有无道德，道德素养和水平的高低，考察和判断的主要依据和标准不是其言说，不是其考试分数，而应是其在生活中表现出来的自然态的行为。孔子说："始吾于人也，听其言而信其行；今吾于人也，听其言而观其行。""观其行"而判定一个人的素养尤其是品德素质可能是古今中外识人用人的"真理"，但现实教育犹如当下的政治生活，是非和价值判断混乱，贪腐龌龊之极者可能正在反腐倡廉的现场"慷慨宣言"，德育课程的严重言语化、知识化，德育教学的教条化，德育评价的分数化倾向充斥在许多学校。

三是学校德育行为方式误区很多。

除了国家课程，学校还有大量的"校本"课程，较多地表现为德育主题活动。一般说来，相比于正儿八经的国家课程的教学，这应该是比较富于生气和活力的"教育"。从育德的角度看，这还是一种较优的选择。但这样的"活动"也问题不少。以一般学校都不例外必须进行的"学雷锋"活动为例。最早时一般都叫"学雷锋活动月"，现在大都改为"活动周"或者"活动日"了。至于为什么时间上大幅缩水，应该是"你懂的"。这不论是月、周或日的学雷锋活动的一般程序大同小异：先是学校主要领导面对全体学生的报告"动员"，接着是政教处、学生会、团委联合的活动"部署"，再有就是班主任班会课的专题"安排"。很多班主任常做如是安排：从今天现在起，我们班每人每天必须做一件以上的好人好事，到周末请班长对每一位同学学雷锋做好事的情况做一个统计，做得最多的同学我们将上报政教处等处室，学校会予以表扬，每一位同学学雷锋的情况将作为期末三好生评比的重要参考。这是一种典型的传统型的"德育"活动方式，殊不知这种方式虽然政治上正统、动机上纯洁，但其实际效果难以高估。其问题的关键，其一是说教味浓，学生少有喜欢；其二是过于急于事功，以为三天两头就能学出一个雷锋来，这"雷锋"还是雷锋？其三是功利化、市侩色的活动过程及评价所"激励"出的"德行"与真正的雷锋事迹、雷锋精神几乎"背道而驰"。因为雷锋精神的内核就在于"乐做好事，不图回报"，是"积阴德"的"神明"之举。

岂止是学雷锋？实际上，学校中很多与德育相关的课程和活动的教学和开展由于这样一种程式化、程序化、机械化，早已变成了一种应景点卯的过场、形式、招牌，实施者大多不假思索，萧规曹随，满足于做过、完成，满足于期末总结时有材料、有数据，至于结果、成效如何，学生的道德是否成长、成长多少却少有人问津。有人说，相比较于教学，由于应试的"真货实料"，无人能造假忽悠；德育工作中的"雷声大、雨点小"，说多做少甚或只说不做却以"总结"糊弄的形式主义真是害死人。这说得有点极端，却道出了基本的事实。

四是对学校德育价值地位的认识不很科学。

　　近许多年来，不知为什么，对于学校教育的期待越来越多，不满也越来越甚。学校成为承受青少年成长责任和压力最大的似乎也是唯一的主体。"办人民满意的教育"以无可辩驳的"公义"和道德力量赢得了提倡者的最多的政治声誉，但也把政府和学校置于险境：因为"人民满意"是一个永远没有标准和尺度的宏大叙事。问题的关键还在于这里的"教育"是指什么？学校教育还是广义的教育。现在看来，主要是指前者。但是就学生和青少年的成长和发展而言，学校教育尽管十分重要，但绝不是教育的全部。家庭、社会和青少年自己都是教育的不可或缺的方面。北京四中的一项调查显示，87%的学生认为他的人格和品格来自于家长。（《教育文摘周报》14.12.17）比如一个孩子是否善良孝顺，能否通情达理，主要是由其家庭亲情氛围和孝道传承关系决定的。不孝的父母却要强求儿女将来孝顺自己，一般而言是很困难的。学校教育应不应该、能不能够解决这些问题，真的需要我们实事求是地做些思考和研究。很多教育问题尤其是德育问题需要学校和教师，学校教育不可以忽视德育，这是事实；但是无限夸大学校在孩子道德养成中的价值和作用，也是要出问题的。

　　我以为，当下的德育工作，亟须关注下列问题。

　　第一，进一步确立学生的道德养成的主体地位。

　　学科教学领域，"学生主体"早已是老生常谈，但德育工作却另当别论，理论上，德育的本质不是自由而是强制；教学中，德育主体和道德学习主体丧失了其主体自由，施教者与受教者地位不平等，受教育者被剥夺了利益表达和自主选择的权利。学习道德并非出自自由发展的需要而是因为外在强制力束缚，最终也丧失其个性自由。其结果不是人的完善、发展、解放，而是将德育变成束缚和压制人发展的精神枷锁。"这样的德育是异化的德育，以解放人为口号，却加重了人的更加不自由。"（葛畅《自由：道德的本质》）

　　从被育者的"需要"出发，从社会和公民的"规范"出发，从"问题"出发，从"自己"出发，让学生自主研读教材并发现问题，发现学生自己的关于德育的真问题；让学生自主策划并组织活动，开展主题和形式为学生真正喜欢的活动，正像任何新知体系是学习主体自主建构的一样，个体道德体系也是学习者自主建构的结果。我们既然知道即便是大漠里的一潭死水都有着"自净"的功能，我们就没有任何理由怀疑每一个学生天生具有的"自我教育"能力。更何况我们还有从上至下，尤其是学校中那样一支庞大、专业的德育工作者队伍呢？试想，假如学雷锋活动由学生为主体，策划一场由学生精英参与的"雷锋精神"

大讨论，并在讨论中逐渐达成共识，进而出台一个完全由学生组织发起的"学雷锋，做好公民"倡议。其过程和效果会怎样呢？一旦让学生自主，一旦让学生喜欢，德育工作就会焕发出鲜活无比的生命力量。

第二，进一步促进德育主体自身道德素养的修炼和提升。

我虽然无法推断古代先哲将"天地君亲师"并举时，是不是主要冲着教师的"道德"水准和高度立意的，但我一向以为一个民族的传承和发展久远和优秀，不是取决于官员，也不是取决于任何其他的物质条件，而是由教师群体的道德高度决定的。所以古人云，国将兴，必尊师而重傅。如前所说，区别于知识的"教"，道德之"育"，是需要育人者的虔诚耐心、全身心投入，尤其需要身体力行、率先垂范的，也就是说，做给被育的人看，是"育"的最为本质的特征。清华大学原校长梅贻琦说："学校犹水也，师生犹鱼也，其行动犹游泳也，大鱼前导，小鱼尾游，是从游也，从游既久，其濡染观摩之效自求而至，不为而成。"如今的德育工作者中，不乏德行高尚者，给孩子以终身的教益和影响，不仅是经师，而且是人师；但是我们也看到许多异常，一个热衷"家教"者，可以给学生谈无私奉献的崇高；一个行为不检点者，可以要求学生如何循规蹈矩；缺少责任感的，却要求学生学习和工作心无旁骛。指望这样的老师培育学生的道德，那还不是缘木求鱼？

所以，改革学校德育的格局和面貌，最根本的问题是师德。通过法规、条例、公约等严格约束和限制教师的教育教学行为，通过专业引领、教师英雄的"示范"教育、影响、感化教师的人文情怀，通过读书、研修、交流、论坛等不断提升和净化灵魂，让每一个育人者都修炼成一门门最优秀的德育课程，如果我们的老师都能不仅"学高"，而且"身正"，在平时的教学、工作、活动过程中，谈吐优雅，行为规范，与人为善，遇事宽容，永远洋溢着人文情怀和道德光辉，在如此环境里，耳濡目染，潜移默化，学生品德不优秀都难！

第三，进一步挖掘道德的"美感"因子，变说教为审美。

说及道德，传统中我们有很多优秀的判断，比如"美德"，曾经很长一段时期，我们大力倡导过"五讲""四美""三热爱"，强调的就是道德跟美的共生一体的关系。但是我们现实的德育课程和德育活动中，几乎无例外地都是用简单的"政治思想"价值标准，用"是"和"非"、"好"和"坏"、"高"和"下"、"优"和"劣"两分法，来判定与德行相关的人和事。原本异常美好的、充满美感价值的道德主题和内容，被我们机械僵化的道德应试教育和粗糙刻板道德体验活动，或肢解，或解构，弄得味同嚼蜡，弄得面目可憎。还有没有其他的德育思路和策略呢？

我常想，雷锋精神的最大魅力可能不仅仅在于其"做好事"的外显的行为，关键是其内蕴的一种自觉自发自然的品质：与功利丝毫无涉，率性而为，不落痕迹，如《桃花源记》之所谓"不足为外人道也"。这种道德境界，内蕴、含蓄，始于点滴，汇聚大流，"积善成德，神明自得，圣心备焉"，是俗语之言"积阴德"，此乃天地之间最为高尚的"大美"。假如我们的德育课程、德育活动在传统的大家习以为常的是非判断之外，更多地从这样的"审美"的角度和高度，挖掘分析、指导引领、策划设计、推动落实，从言语之美到行为之美，从心灵之美到精神境界之美，或者如我们经常津津乐道的气韵、气场，风度、格调，是不是会别开生面、产生最佳的育德效果呢？

道德的，一定是美丽的，一定是有魅力的。更多地从美切入，挖掘道德中的"美学"因子，从审美进而顺德，应该是一个办法。

第四，进一步完善"家长学校"，创新其内容和内涵。

众多所谓的"家长学校"，其意义和价值主要是动员家长力量协助学校管教而且主要是通过管教提升孩子分数，称其为"学校"实则名不符其实。也就是说，我国基础教育学校很少有把"家长学校"真正办成"家长"的"学校"的。所以如此，是因为如前所说的对于"教育"认识的严重误解所致。于是，引导家长认识家庭教育的价值意义并学会进行科学的家庭教育就成为学校应有的使命和责任。我以为，现实学校应该在原有"家长学校"体系的基础上，明确"发展家长"这一目标定位，面向所有家长开放学校所有学习资源，围绕"子女教育"，设计不同层次的专业课程，搭建更加立体丰富的研讨平台，以满足各类家长提升家庭教育水平的学习需求。如此，家长学校中的家长就会逐渐成为"学生""教师""义工"等多种身份集于一身的学校和学生发展的正能量。表面上看，学校为此需要有很多的投入、付出，但是从学生的全面发展看，从学校的可持续发展看，从长远看，那是一本万利的。

党的十八届三中全会《关于进一步推进改革的重大问题的决定》第42条指出："全面贯彻党的教育方针，坚持立德树人，加强社会主义核心价值体系教育，完善中华优秀传统文化教育，形成爱学习、爱劳动、爱祖国活动的有效形式和长效机制，增强学生社会责任感、创新精神、实践能力。强化体育课和课外锻炼，促进青少年身心健康、体魄强健。改进美育教学，提高学生审美和人文素养。"

其中对"三爱"活动形式和机制的"有效""长效"的要求和期待既是对长期以来我们德育工作存在问题的揭示和批评，也是我们今后学校德育工作的指南和引领。这就迫使我们正视现实，发现问题，深入研究，以便我们从理念、策略和方法层面做出实实在在的应对和改变，通过我们每一个教育工作者的"落实落小落细"，以迎来基础教育德育工作的新局面。

找回中国教师的实践自信

　　课改催生了太多的理论和实践专家，课改催生了太多的教学模式，课改也成就了不少的学校典型。宜兴市实验学校也是，而且就是典型中的"另类"。该校校长、省特级教师王俊通过学习借鉴、揣摩深悟、斟酌推敲，提出了"两类知识结构"课堂教学的新思路，一时为大江南北很多老师、校长和学校所追慕。该校也是省教育厅师干训重点基地校，笔者因工作关系常有机会去该校学习。深感奇怪的是，在外声名很响的所谓的王氏"模式"，校内却没能做到"千篇一律"，不少老师还持有"异见"甚至反对。王校长对此竟不以为意，还特别告诉我，有异见者，很多都是教学有个性有成效的老师，他们的最大特点也是优点就是富有充分的"自信"。

　　听罢愕然：自信，教师的自信，当下我们基础教育阶段的很多教师身上，还找得着"自信"吗？

　　近几年来，因为工作，经常出入省内外许多中小学。所到之处，感受极深的是，"名校"的"成功"经验就是决胜升学疆场的宝典，媒体追捧的"教学模式"就是四海皆准的"真理"，名师一己的想法和做法就是诸多老师心中不二的"圣经"。在苏南的一个语文研讨会的现场，我刚刚才就一位公开教学过的女教师的课堂非常小心谨慎地提出一点商讨的意见，万没料到这位教师马上"反驳"："老师，我也知道你说的有道理，但是，有些专家可不这样看。假如我像你说的这样做，给上海的某某专家知道了，他要笑死的。"我有点不悦，不是因为她的"反诘"，而是因为她的缺失"自我"一味迷信的思维方式。便不经意也带点戏谑的方式回应道：重要的是你自己，你自己的认识和看法。至于专家，他距你那么遥远，没有千里眼和顺风耳，又没人通风报信，他又何以知晓？即便知晓，他愿意"笑死"，又与你何干？

这一位可能是课改后被专家"迷倒"的教师典型。唯"专家"马首是瞻，只要是专家所言，科学也好，偏激也好，不作鉴别，不分青红皂白，一概照单全收。大量教师的自信缺失、自我失落，这是如今国内中小学教育一方面在现代化和均衡发展方面高歌猛进而另一方面在内涵领域却怪相百出、险象环生之主因。

也有例外。在西南边陲某省的一场规模宏大的课改推进会上，当某一位理论专家用所谓的理论、框架和标准，将10余位特级教师的课堂批得体无完肤时，有一位女教师当堂发声：这样的不尊重人、不尊重实践，以为理论可以包打天下，课改滋养出来的一些所谓的理论家，实际已经成了课改的绊脚石。因为他们的这样的做派，毁掉了很多老师的自信和尊严，而本质上伤害的就是课改和教育。

这位老师的话，可能稍有偏颇。但却道破了不少教师"自信"缺失的根由；同样，也是由这位老师的自悟和上述王俊校长所在学校老师的"独立"，我们也不难悟出教师的"自信"之由来。

首先来自用心尽力的实践。经过专业学习培养之后的教师苦心经营的教育教学，只要假以时日，焉能没有成果和经验。孔子当年的成功教学又何曾有什么高深的理论引领？片面地过分地夸大理论的绝对价值同样也是危险的。比如王俊学校的那些老师。其次来自实践的有所成功和建树。有了较长时段的探索，取得了阶段性的成就，有了深度的反思，甚至还有深度的研究。那当然就理直气壮、底气十足。再次来自于真正的科学理论的支撑。任何专家的一面之词、一家之言，是不是就能代表理论特别是科学的理论？这真的还很难说。原文原著的系统阅读，实践与理论的对照分析，斟酌权衡之后的体验感悟，这才会感同身受，融会贯通，因而信心满满。最后来自思维理性。凡是多问为什么，不仅反求诸己，而且直究其真。不在乎名头和身份，只计较是非和真伪。前因后果、来龙去脉都一目了然，那还有什么可说呢？

如是，那自立进而立人的极为难得的自信，便可以逐渐滋生成长；而同样不可忽视的是，在当下教育转型的当口，那些控制着话语霸权的"专家们"的收缩阵地、降低音调，那些几乎可以"生杀予夺"的行政官员和校长们的尊重理解、大度宽容，可能更加重要！

如是，教师的自信有望被唤回；如是，中国教育的前景和未来定然有望！

有什么样的教师，就有什么样的学生

近许多年来，许多人的价值追求和行事准则发生了变化：考好分，读名校，升好学，寻好的工作，享受个人的好生活，渐成为社会许多成员的"共识"。"国家兴亡，匹夫有责""家事国事天下事，事事关心"却渐成"空谷传响"。这一切之发生，有人指为"市场化""世俗化"之必然，也有人归咎于信仰和价值观之失落；我则以为，近20余年的教育，应试、升学、分数的超强力"杠杆"将学校教育拽离其本真和初心，拖入功利的泥淖和深渊，则是一个无法回避的重要因素。

有什么样的学校，有什么样的课程就有什么样的学生，这句话实际的意思是，有什么样的教师就有什么样的学生。因为学校教育、学校课程，其实行的主体是老师。改变现实教育，提升人才品质，这一切的一切还是得依靠教师。

教师有情怀，就会培养出有情怀的学生。

当学校教育将考试、升学、分数当成核心要务和几乎唯一的价值追求，当学科教学始终围绕着考试转圈，当老师评价孩子的眼光紧紧盯住学科成绩不放，立德树人，怎么可能有立足的时空？在这样一种教育文化中熏染既久的教师，其人文情怀、家国情怀自然而然会淡化、疏离，直至逐渐被排除在教育教学的主流话语之外。这样功利的氛围，如此价值的教育，这等实用的教学，又何以孕育学生为人、利他、奉献家国的优秀的情怀？

教师有理性，就会培养出有理性的学生。

课改之后因为某些专家的话语霸权，对于教师教育教学实践的横挑鼻子竖挑眼，导致很多一线教师普遍缺失实践自信甚或迷失了自我。专家之言，自然有很多合理的正确的元素，但是不是就代表着真理，"一句顶一万句"呢？显然不是。问题是，实践主体缺少思维理性，又无以用理性思维对专家观点和自己的实践做出精准的判断。长此以往，自信心怎能不逐渐丧失呢？试想，假如

109

教师们具有十足的对最高真理"沉思"的静气,具有破除迷惑证实真理的"智慧",具有借助逻辑工具在理论和思想问题上随时随地析事明理的能力,那么冷静、淡定、沉着、谨慎,"每临大事有静气"的富于理性的优秀的学生,就会如雨后春笋般涌现出来。

教师有创造,就会培养出有创造力的学生。

伟人说,只有创造性的工作,才会有尊严。这许多年来,教育越来越受重视,几乎每时每刻都是社会的热点和焦点。但教师工作似乎还未找到应有尊严和地位,其原因就在于,单一、机械、重复、少有创意的"应试"劳动毁掉了教育活动原本的创造、鲜活和生趣。在如此学校情境和教学生活中要想成长起富于创造活力的学生,实在是难乎其难。

教师有未来眼光,就会培养出有未来眼光的学生。

我以为,所谓教育,就是生活在今天的一群被称为"教师"的人,用昨天的知识,教着一定生活在未来的今天的孩子。之所以这样说,是希望从时间的维度,警醒做教育的人,无论如何都必须建立未来眼光、战略思维,否则,教育越多,可能危害越大。总是用陈旧的知识堆砌给学生,难免教出迂腐;总是用现实和个人的幸福激励学生,难免衍生出功利;而只有用人生责任、未来思维引领,才会发展出富于家国情怀和未来理想的人才。

教师之于教育、之于学生、之于人才,真的比天还要重要。教师怎样,教育便怎样;教育怎样,未来中国便怎样。你我今天做怎样的教育,未来也就会有着一个怎样的中国。

第五篇

课程与教学

课程建设："出新"，不忘"求稳"

—— 江苏苏州张家港教育创新的几点启示

30余年间，张家港从来都是一片改革的热土，张家港的教育也随着社会、经济事业的发展，不断创新，屡有佳绩，常常在某一或某些领域能辟新径、领先行，在市内外和省内外均有影响。记得去年才为他们有关名师队伍建设的一些成果做过评说，眼前，又一批活生生的散发着如池塘春草般蓬勃新鲜气息的实践成果联袂"排闼"而来，让人目不暇接。想到李克强总理在最近的9月29日的国务院常务会议上的一段讲话："高手真是在民间啊！基层的创新模式层出不穷，新鲜经验、新鲜事物发展日新月异，我们的相关部门一定要多下去了解新事物、新情况。"这是就经济领域工作，针对行政官员的有感而发了，我国基础教育教育教学领域的改革发展又何尝不是如此呢？

张家港教育领域最近的改革成果应该说就是有关于此的一个很好的验证。这一批成果主要集中在课程建设领域，亮点在突破创新。从成果所涉及的学校来看，分布面广，代表性强；从成果涉及的课程领域看，几乎涵盖了国家三级课程体系的所有方面；从成果体现出来的层次和价值意义看，应该说，普遍有较高的含金量，不仅有理念，而且有操作；不仅有成效，而且有经验。

比如，锦丰初中基于季羡林先生"大国学"理念而设计、推出的"大国学教育"，针对现实部分学校盲目跟风，炒作"国学热"，一味从"传承"的角度，狭隘地理解并推行部分儒学经典的阅读之不足，起点和立足于"大"，拓展了思维时空，视野宽，思路正，提升了校本课程的定位，带给孩子阅读的宏阔空间，"建构"起阅读者真正的家国意识和情怀。

这一成果，对于正在现实课程建设征途上苦苦探寻的校长和老师们都是一个很好的示范、很好的启迪。课程改革、建设课程，真的需要跳出应试的泥淖，突破学科的拘囿，甚至打开校门，超越教育，从社会学视野、美学范畴和哲学高度，汲取、审度、整合，从而实现课程教学的真正突破。

不仅如此，张家港的这一轮目标指向课程的深度改革，是在教育行政的"自我革命"的前提条件下开展的。与国务院所厉行的"简政放权"、教育部门力推的"管办评分离"和建立真正意义上的现代学校制度几乎同步，张家港在这一点上又独领了"风气之先"，这也充分体现了张家港教育的"张家港精神"；而且仅从本组材料展现的成果看，至少，学校的初步的"自主"，已经开始了如李克强总理所言的改革红利的逐渐的释放。

这一点，带给我们很多启发。

我国社会经历40余年改革到今天，进入"转型"，与其他事业的发展一样，基础教育的改革也必须在科学的顶层设计之下循序渐进，绝不可能在一个早晨在某一个特殊的区域实现"理想主义"的乌托邦。比如学校的自主办学、法人地位，如果没有在上者的高度的主观自觉、对教育的真正的赤诚挚爱，对民族未来的铁肩般的责任担当，如果没有教育行政权力的货真价实的让渡，几乎永远都是纸上谈兵或者至多是赚人眼球的虚假的"神话"。张家港教育精神的可贵，就在于，权力的让渡、管理的收缩、服务的跟进已经起步，这种"壮士断腕"的勇气，在不少区域和部门要么权力膨胀、要么懒政怠政的今天，十分难能可贵，对当下所有区域的教育行政都有着十分重大的指导意义。

尽管如此，也还是有些问题需要探讨。

一是有关课程建设所谓"理念"的提出需要审慎和斟酌。在所谓的"教育新政"和"课程特色"建设中，张家港比较鲜明地提出"国家课程校本化"和"校本课程个性化"，虽非独创，却因为作为一地的教育口号亮出，甚至是指导本轮课程建设的指导思想，就需要万分审慎，仔细推敲。三级课程体系是国家层面的课程的"大政方针"，带有教育和课程"法规"的刚性。既然该体系中已经制度化地设计了极富地方和学校个性的"校本课程""地方课程"，为什么还要把国家课程"校本化"？依据和理由何在？如果国家课程"校本化"了，那还有什么真正意义上的国家课程呢？没有了真正意义上的纯粹的国家课程，那么借以整合和凝聚中华儿女的国家统一意志、中华民族精神、社会核心价值体系等等的教育和传承是不是要受到影响、打些折扣呢？而且，如果将国家课程"校本化"了，那还需要什么"校本课程"呢？"校本课程个性化"更是信息冗余的概念，因为校本课程本身就是非常具有学校个性特色的课程；而假如理解为课程实施中的教学个性的话，那么几乎任何一门课程的实施，只要涉及老师独立自主的"教"，就自然而然"烙印"上了教学者的"个性"。显然，如此而言似乎有生造概念或者故作惊人之语之嫌。

二是要稳妥处理好课程建设中的"共性"与"个性"的关系。应试之猖獗，已经将中国几乎所有的学校及其教育做成了如同科举时代的"八股文"。如何破解此世纪困局？近许多年来，很多学校、很多教育行政部门艰苦探求，摸索出很多路径，从"学校特色"打造到"特色学校"建设，从"打造"学校文化到创办文化学校，一时间可以说是风生水起甚或波澜壮阔。张家港提出的课程特色、特色课程应该说是很好的创意，也做出了一些实绩，应该说是前此所言探索的持续和细化，其意义和价值必须肯定。但问题是，其一，万万不可走偏，万万不可夸大。求新求异不可怕，走火入魔、怪力乱神便可忧。比如，走班制教学可能不过是课程教学的一种形式，还不是课程本身；比如减震防灾的教学不过是安全教育的基本内容，提升至"生命教育"的高度难免有故作高深、耸人听闻之感。其二，还是要更多地关注课程教学的共性的东西。从课改后整个的课程体系看，无论是整体的结构框架，还是各门课程的具体内容，即便你不做什么"改革""创新"，就将国家规定的整个课程方案不偏不倚地执行下来，不折不扣地落实到位，可能就不仅共性的要素齐备了，可能学生发展的个性也就在其中了。而且有一个基本的教育常识必须明白，假如我们将发展个性作为学校教育的重要或者说是主要追求的话，那么是不是一定得需要特色学校和特色课程才能实现这样的目标呢？答案是否定的。个性千差万别，爱好千变万化，任何简单的课程设定都不可能让所有的学习个体满意，都不能满足所有学习个体的个性发展之需求。关键就在于在孩子接受共同的课程教育中，我们如何发现个性并为之设计可能的课程和教学方案。这就又牵涉到一个谁为主体且"蛋"与"鸡"孰先孰后的问题了。有一个简单的常识"地球人"都知道，今天中国基础教育问题的症结和关键，哪里是在课程本身呢？

这是我们所有学校在课程建设过程中都需要重点关注和重视的问题。

感谢张家港教育提供的范本，感谢张家港这许多学校作出的探索和突破，让我在阅读欣赏之后，能够多启发，能够有想法。

翻转课堂：想象和挑战并存的教学变革

现实看，学校教育真是一个日新月异甚而有点喜新厌旧的领域，当"创新教育""和谐教育"还是口号、概念满天飞的时候，一不小心，裹挟着技术进步的"欧风美雨"的"翻转课堂"，就已经开始撞击我们的耳鼓，充斥我们的视野，弥散在教育教学的几乎所有的部位和单元了。

实际上，面对教育的新生事物，笔者从来都是一个乐观的"欢迎主义"者。但这几年，每每"欢迎"之后，或者投入并深陷这样的"新物"之后，有时抬起头来，忽然发现一个非常有意思的现象，当初最为起劲的"新物"倡行者，竟然一夜间狠弃此一"新物"，转身投靠更新的"新物"，抛下我们这些痴迷者，去跟他人"玩"了。比如起劲玩"课改"的专家，已经少有人潜心课改的深度研究；鼓吹"创新教育"的似乎开始觉得基础教育的根本问题似乎不像是"创新"，可能应该是"传承"；高调言"和谐教育"的似乎好像也发现给教育谈"和谐"似乎过为宽泛，难以解决教育的任何问题，似乎玩的就是一个概念；即便连支撑第八次课改的理论基础——"建构主义"这些年也被人说三道四，以为它并不能成为解决中国教育问题的"放之四海而皆准"的"真理"，当年将其吹得天花乱坠、举世无双的"达人"，似乎连为之辩护的"余气"都叹不出来了。于是作为一个坚信理论的引领作用，甚至有点迷信专家学者的实践者，总是有遭受过或多或少的"忽悠"之后的些许的迷惘和"失落"，甚至开始怀疑、"反思"起自己有关教育教学的某些崇拜和"信仰"，是不是因为自身的无知和愚昧。

但遭遇稍多，也会有悟，很多的理论家是不实践的。仅盲从和轻信理论有时会有错失，这不是理论和理论家的问题，还是我们这些实践者的不是。因为伟人早就说过，马克思主义的理论必须跟中国革命的实践相结合。这也就是几乎在任何汹涌的跟风潮中，仍然有许多的实践者能够一枝独秀、独占教育改革鳌头而成就学校和其个人的原因。

据此，我想就"翻转课堂"发表一点实践者的浅见。

翻转："课堂"还是"教学"？

翻转课堂发端于美国。2000 年，美国 Maureen Lage, Glenn Platt and Michael Treglia 在论文 "Inverting the Classroom: A Gateway to Creating an Inclusive Learning Environment" 中介绍了他们在美国迈阿密大学教授"经济学入门"时采用"翻转教学"的模式，以及取得的成绩。2007 年，美国科罗拉多州 Wood land Park High School 的化学老师 Jonathan Bergmann and Aaron Sams 在课堂中采用"翻转课堂式"教学，并推动这个模式在美国中小学教育中的使用。随着互联网的发展和普及，翻转课堂的方法逐渐在美国流行起来并引起争论。

网络和多媒体技术给翻转课堂的实施带来无限平台和空间的支持，而借助多媒体技术而盛行的微课程建设除了为校本研修提供了素材和基础之外，更是为"慕课"的发展壮大提供了资源的支持。

有了这些，教学和课堂的"翻转"才有了基础和条件。

在这种教学模式下，课堂内，学生更专注于主动的基于项目的学习，共同研究解决学习中遇到的困难和问题，从而获得更深层次的理解。在这样的课堂里，学生的问题，师生共同的研讨，教师的引领和指导，问题的解决和思维的发展真正成为重要的元素，真正落到了实处。

在这种教学模式下，学生课后的学习得到高度的重视。大量的知识性信息的获得需要依靠学生在课后获得。这个"课后"实际应该称之为"课外"或者"课下"，既包括课前，也包括课后。学生在课外完成自主学习，他们可以看视频讲座、听播客、阅读功能增强的电子书，还能在网络上与别的同学讨论，能在任何时候去查阅需要的材料。教师也能有更多的时间与每个人交流。

在课外，学生自主规划学习内容、学习节奏、风格和呈现知识的方式，教师则采用讲授法和协作法来满足学生的需要和促成他们的个性化学习，其目标是为了让学生通过"实践"获得更真实的学习。

如此，所谓"翻转"，是针对传统教学而言的颠倒或者"逆反"。首先是教学过程的"翻转"，变"教而后学"，为"学而后教"。其次是教学"主体"的翻转。学生无论如何都必须真的成为学习的"主体"，无论是课前还是课后的学习，几乎没有任何"人"的现场"指挥"和"教导"，几乎就是一个"无主"

的自由状态；即使是课上，如果没有学生问题的先入为主，可能一般的"教"的"引领"和"指导"就无以实现。再次是教学内容的翻转。习惯上需要老师在课堂中灌输、传授、供给的大量的知识信息，已经由学生在课前的学习中通过网络、网络中的"慕课"、通过微课程而获得。老师原先掌握甚至"垄断"知识的格局被彻底打破。这就对老师教学的重点、内容和策略方法提出了全新的要求。最后是教学方法的翻转。网络和视频成为学生课下学习的主要路径和方法，又由于网络的可保存性特点，原先传统教学尤其是课堂教学的"不可逆性"得到彻底的改变。

从这一意义而言，翻转课堂如果称之为"翻转教学"也许更为贴切。

翻转课堂：有多少新鲜和神奇？

翻转教学确实是基于现代教育技术和网络而发展起来的有关学校教育教学的一场重要变革，一项新生事物。尤其是在西方发达的资本主义国家，在重视"人权""自由"和"人生幸福"，真的"以人为本"的社会和教育环境中，它几乎是一场颠覆性的革命。

在英美等许多国家，学生的学习是受到严格的法律保护的。一般的学校，比较规范的学校，学生放学回家是不需要进行与在校一般的正儿八经的学习活动的。即使有作业，也多半是满足和适应孩子家庭和休闲特点的宽泛意义的阅读、相关的手工制作、涉及社区社会的公益活动，也或者较长时段的各自感兴趣的"微课题"的"研究"，这研究是一种"活动"层面的，实践领域的，与规范的科学研究没有多少关系，关键是在过程、经历，根本不在于什么结果、结论。甚至在英美的许多学校，很多孩子的书包是不必带回家的。很多学校每个孩子在教室里均有一个书包专柜，专门用于放置书籍簿本、学习用品，包括书包。于是，孩子回到家里，做我们中国孩子的家庭作业几乎没有可能。如此而言，"翻转教学"，就国外的中小学生而言，几乎就是对长期以来的传统学习方式的一次巨大的"颠覆"，是教育教学的"翻天覆地"的"革命"。如果说，由此产生教育教学的质量和效益的巨大提升，这绝对是预料之中的事情。

但对于我们中国孩子而言，则就又是另外一回事。

中国孩子在中国教育的环境中，这20余年间，可能从来也没有这样的幸运。原本享受天伦之乐的家庭早已"翻转"为学校的"第二课堂"，一个孩子在中国早已不知道什么叫"放学"，早已无法理解古代少年"儿童散学归来早，忙趁东风放纸鸢"（清代·高鼎《村居》）的紧张之后的极度放松和快乐，早已无法理解鲁迅儿时私塾中"从百草园到三味书屋"的天真、闲情和童趣。孩子回到家里，实际已经把比在学校还要重得多的"包袱"和"负担"背回了家。数门已授课的巩固性作业需要完成，数门明天将要新授的课的预习性作业也要完成。这后者的预习性作业便是老师设定的改革后的"翻转"的作业。

也就是说，在我国的中小学，真的不知从何年何月起，我们早就开始了学科教学的"翻转"，假如这也可以视之为"翻转"的话。

当然，此一"翻转"与彼种"翻转"还是有着相当大的区别。主要的差异，便在于咱们借助的是比较原始的时间消耗、纸质文本材料的训练的消耗，而西人则是运应了多媒体技术和微课程开发和慕课平台的建构，建构的是一种可能更加接近于"学习"本质的"学习"。

就我国教育的现实而言，互联网、多媒体技术早已几乎与世界同步，微课程开发方兴未艾，"慕课"可能受限于网络成本、包括微课程在内的课程资源的不足，受限于先知先觉者的产权自利和商业模式的设计、开发的不成熟，"翻转课堂"还处在初级阶段。但好在这许多年来的课程教学领域的改革发展也为之奠下了方法论的基础，"先学后教，以学定教"实际便是翻转课堂的理论基础和方法性准备。如果说，要使我们的基础教育的教学改革能够跟国际接轨，能够在新一轮的工业革命——第三次工业革命（美国杰里米·里夫金《第三次工业革命》），也就是"共享经济"的背景下不落人后，提升现代学习的品质和效益，我们现在迫切要做的便是原本教学模式的升级换代。在保留和发扬一些具有原创特征的"先学"传统的基础上，积极对接互联网，积极运用"慕课"平台，让我们的传统教学模式在新技术的光照下，"翻转"起来，焕发新的生机。

翻转课堂的意义和价值

"翻转"作为一种事实上的教学变革，已经在我国基础教育改革的历史中留下了浓墨重彩的一笔，由江苏杨思中学"首发"，包括南京东庐中学等全国多所学校跟进的"先学后教"模式，如今已经成为初中教育乃至整个基础教育的一项重要改革成果。而"翻转课堂"从概念到教学模式的"引进"，特别是基于微课程、慕课支持的教学"视频"的"单刀直入"，自然为已然卓有基础的基础教育的教学改革平添翅膀，其产生的现实价值和深远的未来影响将是可以预期的。

第一，"课"前和"课"后学习，成为学生学习的"新常态"。这里的"课"主要指的是我们传统意义上的"课堂"，就是由老师在场的在老师引领和教导下的学生学习课堂。但按照"翻转"的概念，除此而外的学生的前后学习都应该是课堂学习，只不过是此一时刻的"老师"是精短教学视频中的老师。这样一种学习，学生可以根据绝对自己的问题，自己掌握知识的状况的需要，随意的用自己喜欢的方式、节奏来观看、思考、研读、解题，甚或穿插其他的一切可以利用的手段和方式。这是一种不受任何其他外在干扰的学习，是一种真正意义上的自主学习。当这种学习在老师的指导下，成为一种习惯，并且辅之以必要的"课"上学习的规范、基本固化的程式，比如说，没有自己的问题就无法与老师沟通，就难以参与到小组或者全班的交流对话中来，或者说几乎就不大可能进入课堂的学习，那么，我们完全可以想象，一个学生的所谓的课下的学习，最后剩下的就是"问题"，学习的最大成果就是此一知识点认识理解上的疑惑、困难和不解。这对学生自主、独立的思维能力的发展，其意义是莫大的。

第二，微课程视频成为课下学习的主要载体，课下学习变得生动和"可爱"起来。由于视频的介入，让课下与课上学习几乎无缝对接：化静为动，化抽象为立体，课下的学习也有了"耳目之娱"。我国现实教育"传统"中无论课前的预习还是课后的巩固，几乎全部依靠训练做题的单一枯燥的形式，学生原先这类学习的无趣和无聊感可望有较多的改善。

无限的反复和可逆对于学生的学习可以说是极大的方便，而几乎零成本的网络系统支持更是为所有人享受了几乎是绝对平等的学习机会和空间。

第三，几乎可以达至无限的选择，让因材施教真正能够落到实处。在我们的课下学习中，孩子几乎全都是按照指定的教材、教学辅助用书，用做题的方式完成的。在网络公共的学习平台上，无限量的跨国界的课程学习资源，可以按照学生的需求任意地选择，任意地截取，任意地走停，几乎可以任意东西，纵横南北。你选择了张老师的微课程视频，觉得讲得艰深了，你可以另选他人。你认可王老师，你便可以"追随"到底。当然，你还可以选择王老师对这一知识点前半部分的讲解，而再"享用"张老师关于这一知识点的后半部分的讲解。选择课程、选择教师、选择自己满意的任意部分内容，神奇的网络课程资源给了"因材施教"我们这一虽说是最优秀却几乎在现实的教育中难觅影踪的教育传统教学原则，最为完美实现的空间。

第四，优秀的真正"先学"的充分准备，每一学生携带"问题"而"进入"

的课堂，使得学生在课上变成了学习的"主体"。包括课改之后的课堂，我们提供了无数的经典理论和案例，用尽了不知多少夸张的概念和语词，从研讨交流、互动对话，直至精神的交汇融通，说得电闪雷鸣，天花宝雨，而在真实的课堂情境里，老师大讲、学生狠练的格局并没有多少实质性的改变。这既有教学者思维定式、自信和他信均有不足的原因，也有应试大潮下社会和学校、管理和评价"绑架"的因素。而当优秀微课视频成为课下学习的主流，孩子真正有机会接触到一流"名师"的准"实境"的教学，绝大多数孩子、稍有自觉性的孩子其学习的结果必然是"问题"，是或少或多或是成堆的问题。这些孩子一旦走进课堂，开始由老师"主导"下的课上学习，只要主导的不是一个"专制"型老师，我们都可以想象课堂会变成一个什么样的格局，学生的思维发展会是一个什么状态。围绕关键的研讨，瞄准问题的交流，直面疑惑的对话，可能再也不需要老师苦苦地"启发"，焦虑地"期待"，甚至"威逼利诱"着激励。由此我想到的是中国古代私塾和书院的教学，想到的是迄今在藏传佛教中还有很好传承的"辩经"。

翻转课堂必须面对和需要解决的问题

翻转课堂的优秀将会被越来越多教育人乃至普通的百姓所认知，网络学习将会逐渐成为地球村民学习乃至生活的常态。但我以为，现阶段翻转课堂要成为基础教育阶段学生学习的主流形式和方式，还有许多工作要做，还有相当的道路要走。

第一，基础的技术支持和基本的资源供给需要建设和完善。

基础的网络平台现在看来已经不是主要问题。学生教育公共网络、学校和家庭互联互通，技术层面没有任何障碍；随着经济条件的越来越改善，发达地区家庭电脑和网络普及程度越来越高，这一问题也已经不是问题，即便是欠发达地区，不远的将来，这一问题也都能逐渐解决。最大的问题就在于，网络微课程的建设，相关课程资源的提供，慕课公共平台的搭建，这一工作谁来做？是纯粹公益的无偿提供，还是商业化运作？如果是商业化运作，它又如何进入学校？其产生的经费，是学校或者是学生家庭承担，还是教育行政和政府来买单？尤其是几乎海量的课程建设，需要巨大的几乎是无限量的支持，因为只有优质的资源的强有力的支撑，才会有最优秀的"翻转学习"的成效。资源越丰富，选择性越强，才最大限度满足不同学生的学习需求，同样是一个知识点，假如有成十上百的最一流的高人教学的视频提供，不同层次的学生都可以在其中选择到适合自己的"微课程"，那是功德无量的。假如还是本区域少量"脸熟"的老师自己的更换了时间地点路径的"录像"上传，那样的"翻转"便是新瓶旧酒了。

美国著名趋势经济学家杰里米·里夫金在《第三次工业革命》提出世界正在进入"共享经济"时代。他说："每一种经济范式都要具备三个要素——通信媒介、能源和运输机制。现在，一种新的经济范式正在发生，它有可能进一步降低边际成本，使之接近于零，我称为'零成本社会'。新兴的物联网很可能推动生产力的巨大飞跃，2007年，有大约1000万个传感器将各种设备连接到物联网上，到2013年，这个数字已经超过了35亿。智能基础设施将为每个互联网企业提供持续的大数据流，然后运用高级分析方法处理数据，从而提高效率，极大提供生产力。"现实是，在过去的10年里，已有亿万消费者转变为互联网产销者，开始以接近免费的形式制作和分享音乐、视频、新闻和知识，全球六百多万学生正在以接近零成本的方式通过互联网在线学习，欧洲上百万的人在以接近零成本的方式生产和分享绿色电力。零成本已经破坏了出版业、传媒业和娱乐产业的旧格局。

这些无疑对于"翻转课堂"的实施，倒是极大的利好。

第二，教材的呈现要更多地从便于学生"课下"学习的角度来立意。

教材是教学的根本，是学生学习的依据，如果说好的课程决定着好的学生，那好的教材自然决定着学生好的学习。现行教材虽然有大量先进、优秀的教育教学理念的指引，有课程标准的"制约"，也虽然有这么多年来课程改革、教学改革的促进和推动，包括自主学习、学生主体等从理念到策略的倡行，但实际上的课堂的变革并没有从真正意义上发生，以此立意的教材自然也无法以合法的身份出现过。我以为"翻转课堂"恰恰可以通过一步到位的策略和方式，推进从教材到教学的根本性的转变。就具体的教材呈现方式、体例而言，首先应该确立"便学"的立意，方便学生的学习而不是方便教师的"教学"。既如此，那知识点的陈述就应该尽可能详细、通俗，更应该注重前后知识的勾连，更应该注重相关知识的提示和回放，更应该注重某些辅助性学习资源的提供或者"链接"。如果条件具备，已经达成了教材与网络课程资源的互通和共享，那还应该在教材中提醒提示不同层次学生，课下学习可以选择的最优最适合的"微课程"类型。

在现阶段，比较实际的做法是，在现行教材不伤筋动骨的前提下，可以编写与"翻转教学"适应的补充材料，供学生课上课下主要是课下学习时参考。

第三，迎受"翻转课堂"挑战最大的是教师。

颠覆传统教学的过程和方式，并不是很了不得的事儿。至关重要的问题在于，当学生接受了最一流的名师——有可能是当地的，有可能是国内的，也有可能是世界的——的视频的教学，学生带着非同一般——绝对不是教师可以轻易预设的问题，走进班级，开始课上学习，也或者是称之为"课堂教学"，对于传统的"老师"会有哪些挑战呢？首先是学科知识能力素养的挑战，老师的积淀真的难以应对和满足现实孩子解决问题的需求。长期以来愈演愈烈的应试，导致我国基础教育阶段老师知识陈旧、固化，严重老化，反应缓慢甚至迟钝，已经是一个不争的事实。其次是教学素养的挑战。从教学的角度看，习惯或者满足于灌输，大量预设，少有生成，大量讲解，少量训练，课堂的程式化、格式化、机械化倾向愈益严重。老师设计教学和实施教学中的思考、研究和"教学相长"的过程和价值几乎没有实现的空间。最后是权威和地位的挑战。现实教学中，多数老师都比较普通，由于时空和地域的限制，在多数孩子的眼里，老师都是某一学科或者某一领域的几乎绝对的"权威"，而且在管控和评价方面又常常能一言九鼎，故而老师的神圣和比较崇高的地位据此得以确立。可如今"时代"不同了，微课程、慕课借助无边无际的网络空间一下子将世界上成就卓异的名师的教学推送到所有同学的面前，信手拈来，任意东西，这无法不带来的"比较"，必然让我们原本在孩子心中科任老师"高大上"的认同解构于无形。

于是，几乎如同"灾难"一般的问题自然降临：课上教师的教学主要是围绕现场学生的真"问题"——常常表现为花样百出、层出不穷，这样的教学如何实施？老师的地位如何维持？一旦权威"崩塌"，学校教育有没有危机？谁能做到让自己学校的所有老师都能跟得上"全球视野"的学生的追求，跟得上那些极富个性、天才的学生的需求呢？要求所有的老师有着国际顶级名师的水准或者赶上他们的步履有没有现实的可能性呢？

据杰里米·里夫金的分析，网络传输的零成本已经破坏了出版业、传媒业和娱乐产业的旧格局。我们可以预测，不要过于久远，它对教育、学校、课堂、教师教学的冲击，我们都将感同身受。

一言以蔽之，翻转教学，给中国教师的专业发展、素质提升必将带来最为强力的刺激，极有可能，从一般人不经意的层面，撕开我国教育应试的厚大的藩篱。

第四，"翻转课堂"后的学习时间和"重负"问题，无法回避的是学生。

一段"时间"里，由于国家领导人的"时间都到哪里去了"的一问，引发网上的许多跟进热炒。实际上，在当下之中国，最伤心于这一问题的是中小学生。这许多年来，由初中发端的很多所谓的"课改教学模式"总以显豁的质量跃升炫示于人，很少有人去关注背后的教学和师生关系的"因果"逻辑。大量孩子在家庭中牺牲大量休息、生活、享受天伦之乐的时间，所进行的"学习""苦读""夜练"往往被宣传者有意无意地"忽略"。课下的"先学"的预习性作业和"后练"的巩固性作业，几乎占据了中国孩子的"课上"之外的包括学校和家庭在内的所有时空。说孩子的生活是"铁屋子"，是"暗无天日"，虽是夸张，但绝对是"准写真"。翻转之后的微课程"视频"对孩子过去的纯粹的做题是一个莫大的冲击，是一种学习方式方法的"利好"，但问题是，中国式的借鉴和效仿一定会走出一条"综合""融通"的第三条路，也就是翻转的视频加上原本的"做题"，极有可能"合谋""叠加"，如两重的泰山压顶，我们的孩子有无可能越加喘不过气来呢？

于是，从教育人的基本良知和道德底线出发，我如此设想，这设想也许是从"翻转"延伸开来的最大的"翻转"：让所有学习活动包括课上的研讨和"课下"的"先学"、一切包括观看视频在内的学习活动，一律发生在学校内，发生在法定的学习时间内。而不是发生在家庭，发生在学生放学之后的生活时空内。

而且我还进一步得寸进尺，展开如下的也许是痴人说梦的一种狂想：我们的学校教育能否做出如下制度性安排，"半日""课上"，"半日"课下。也就是，上午是老师引领孩子在课堂里也就是翻转课堂的"课上"围绕问题研讨和交流，下午则是完全学生自主的"课下"学习，或者是课前的"先学"，或者是课后的"巩固"。如此，其最大的意义就在于，让学生的学习主要在学校进行，让孩子回家后能享受到真正的天伦之乐，实际上也就是家庭教育和自我教育。至于说可不可以改革到位，让学校成为"半日制学校"，孩子可以自主选择"课下"的学习在学校还是在家庭，这当然又是另外的更为夸张的想象了。

因为"翻转"本身就是一种彻底的"颠覆"，引发一个孜孜教育数十年的教育人的"妄想"，没有其他的意图，只是衷心期盼，学校教育在社会和政府的支持支撑下，还给我们的孩子、这个民族的未来一个有点味道有点记忆的童年、少年和青年，哪怕是如鲁迅先生当年私塾时的"百草园"也好。

校本研修：深化教育教学改革的助推器

—— 关于转变学校教研方式的实践性思考

我国应该是世界上教科研体制最规整的国家，就教科而言，国家层面有教科所，学校层面有教科处（室）；就教研而言，省级层面有省教研室，学校层面有教研组。借由这样规整和完备的体制架构，科研能力便顺理成章成为教师发展、教师评价和学校评价的重要指标。也因此，从学校管理而言，教科研工作尤其是教研工作便是任何一所学校、也几乎是所有老师不敢放松懈怠的大事。

基础教育阶段，学校和教师的教科研，究竟给中国教育的发展带来多少效益、发挥多少价值，似乎未见有多少非常实在的研究报告进行系统的梳理和总结。尽管不少老师和校长对这样一种要求和评价体系爱恨交加，尽管不少学者对这样一种迥异于别国的教育体制争议颇多，但最后总是"建设"的声音盖过"破坏"的声音，于是这种制度便是在这样一种"悖反"中迤逦而行，一直走到今天。

笔者就是在这种制度的管理和影响下，在长期的教育教学实践锤炼中，逐渐地成长和发展的。不能想象，假如没有这样一种制度，一个普通的教师可以自发自觉地从实践的田园放眼望天，并逐渐地生长出微观以外的视野，并进而从事近乎专业的教学和教育研究。从一线成长起来的或者正在发展着的专家型教师几乎都经由了这样的轨迹。

成功和成就是有目共睹的。

但是，这样一种几乎全体教师和学校管理者全员参与的"举国体制"，投入的力量，与所获得的回报之间究竟是怎样一种相关呢？这样的教科研制度和方式在现实教育中是否还有进一步改造的必要呢？

　　我的一个基本判断是，随着教学改革的深化、发展，学校教育教学中的问题，已经逐步从宏观和中观层面的矛盾为主转而为中观和微观层面的矛盾为主。顺应这样的变化，基础教育阶段的教科研，基本的思路和格局应该调整为，各级各类学校，应该在各级教育行政的大力支持、积极推动下，在各级教科研机构的积极引领和科学指导下，有序策划和逐渐开展形式多样的校本研修活动，直至建构和完善各具特色和个性的校本研修制度和文化。

　　本文结合具体的教研实践做些粗浅的分析，以期有利于校本研修的有序有效的开展。

研修导向中的问题与改进

　　为什么要开展教育教学研究？对于基础教育阶段的老师来说，是一个绕不过去的话题。记得多年之前，我在某市的教科研部门工作时，曾经做过一个粗略的统计，发现，已经被市县级教科研机构立项的带有级别的课题中，60% 左右都是宏大的叙事，多数都是高校专家研究的内容和主题。正因为这样的上不着天，下不着地的课题，导致教师的研究与他的教学实践之间基本是"两张皮"，教学研究成为一种形式和样子，或者是为自己的工作实绩和评价添加砖瓦，或者是为学校的所谓"荣誉"增加色彩。于是研究本身，对自己的教育教学工作产生的促进价值和意义也就十分有限，也正因如此，研究的过程呈现出形式化、走过场，也就是再正常不过的了。

　　那么，一线老师究竟为什么要做研究呢？我个人以为，首先是为了解决问题，解决教育教学实践中天天都会遇到的问题，课堂的问题，学生的问题，班级的问题，学校的问题。比如某一知识点的教学中遇到困难，老师自己首先苦思力行，但仍然无力加以处理，这时候就需要同伴的支持和帮助，仍然不能解决，可能还需要更高层次的专家的专业引领，最终使问题获得解决。

　　其次是为了促进自己的专业成长。一个教师的学习和进步是伴随其整个教育教学的全程的，所谓"活到老，学到老"，在科学突飞猛进、知识日新月异、网络无所不在的当下，可能是教师生活最真实的写照。而教师的成长，除了正常的教学过程中各个教学环节上的日常工作比如备课——钻研教材就是一种学习和研究，上课——与学生研讨也是一种学习和研究这些相对比较零星、也是就事论事的研究之外，带有专题、主题性的研究可能更有利于教师在某些教学关键问题上的认识深化、理解深刻，从而使自己的教学素养逐渐提升至较高境界。有个性、特长，有思想、名望的老师，几乎都是如此渐行渐高的。

最终是为了学生的发展。无论是第一点的解决现实教育教学中的问题，还是第二点的促进教师的成长，都将归结到一点，这一切都是"为了学生"。最优秀的教师用最优秀的教育，实现学生最优秀的发展。

至此，我们是否可以这样理解，基础教育阶段老师的科研与高校专家的研究最大的区别就在于，我们的研究是为了解决我们自己问题、提升自己教学素质，更好地实施教育教学、更好地发展学生。这种研究的功利性十分鲜明。于是，便联想到另外一个问题，一线教师的科研和教研，是目的还是手段？显然是手段，是为了提升自己教育教学能力的一种手段。评价一个一线老师的优秀与否，主要是要看他教育教学的实施能力和水平，看他教育教学的实绩，而不主要是教科研能力，而不主要是论文和课题。

研究主体的问题与改进

既然是教学研究，研究主体还不是教师本身吗？话是这么说。但这里有几个问题需要弄清楚。

"主体"的教师在教研活动中的态度问题。是不是真的主体，真的主体应该是主动、积极，应该是全心全意地投入，应该是乘兴而来，满载而归。现在看来，实际的情形与之距离较大。一位语文特级教师、教研员在一篇文章中如此说：

"现在，许多学校又制定了很多的校本教研制度，如每人每周听课若干节，听完课后必须开会研讨，还有教研组活动、备课组活动、年级组活动等等；从初一高一开始，月考周考竟然成了教学的常态，考完又要加班阅卷，然后再把那些分数数据分析过来分析过去……还有什么继续教育培训、政治学习笔记、业务学习笔记等等。

许多语文老师和我说，学校的各种安排、各种活动，忙得几乎没有时间备课，往往是上课前匆匆看看教材、看看教参就去上课了，到检查教案时再加班补写教案。

一个语文教师，整天被学校的五花八门的各种工作、活动安排牵制着，没有时间去钻研教材，没有时间去精心设计教学，更没有时间去读书……试想，这样下去，一个语文教师在专业发展上能走多远呢？"

这是一位外省语文教研员博客中的文字，代表了基层部分老师的心声，与我所了解到的情况基本吻合。有些学校规定，老师上完每节课之后都得写反思笔记或者博客，还严格规定字数，比如每篇不少于 500 字。一个语文老师假如教学两班语文，每周 10 节课以上，仅"反思"这一件事就将老师们"烦死"了。

出于美好愿望的包括教研在内的大量的活动，挤占了教师自身相当多的时空，"课改之后越来越忙"似乎是一个普遍现象。在这样的身心疲惫里，要求教师主动、愉悦、积极参加教研，迎来的肯定是"被教研"的痛苦。

"被教研"的现象产生，除了老师因为学校管理和教学压力之外，还有一个活动参与者的诉求和需要问题。由学校和相关教科研机构规定、安排和组织的教学研究活动，每一次尽管都会围绕一定的主题，展开一系列的"菜单式活动"，尤其是学校里几乎每周一次甚至更多的教学研究活动，其主题究竟是基于什么确定的。是中老年教师还是青年教师的需求？是多数老师还是少数老师的需求？假如仅仅为了解决个别人少数人的问题，却要折腾所有的教师一起参与，这当然是得不偿失的。被老师们所厌弃就是理所应当的。

这些问题的解决，有赖于老师自身的发展自觉和教育决策者教育理念和学校管理理念的改变和提升。

一方面，沉重的教育教学压力和负担将不少教师折腾得喘息都很困难，但也就是在这样的艰难中，依然有为数不少的老师顽强坚守，苦苦拼搏，通过自身的努力而成长为"英雄"教师，今天这类英雄教师的数量还是在不断增长；另一方面，教育行政部门应该努力成为教师发展和学校教育教学科研发展的"护航员"，绝对不能成为某些不懂教育的外行的帮腔和助威者；而校长就尤其应该是教育的专家，应该是教育教学的一分子，而不是"管家婆"。

有了这样的前提，教师在一种相对比较清静的教育生态中才能修身养性，才会真的思索和研究教育教学的真问题。加上教科研专家的策划和引领，校本研修才真正可以发挥它应有的作用，老师也才能全身心地投入到这样切合自身工作和自身发展的研究中去。

研究内容的问题与改进

现行教科研是由多种主体介入围绕教育教学尤其是课堂教学而展开的。最近几年特别是课改之后出现的基于学校本位的研修，逐渐改变了主要依赖教科研部门、带有某些行政色彩、一般规模较大的运动式研究的"传统"。在有些地区，基于校本的与教科研部门主导的两种教研方式已经是互为补充，相得益彰，呈现出和谐发展的美好生态。从趋势和走向看，我以为前者将是教学研究的主要路径和发展方向。理由是随着教育管理体制的改革，特别是校本管理的逐渐归位，也随着优秀教师群体的逐渐壮大，基于校本、解决自己教育教学中问题的研修，自然是要靠自身的力量来解决最为合理，也最为快捷和有效。

但我们也看到，在现实的教研活动中，功利化倾向严重，内容范围较窄，主要集中在教学的策略和方法上，目标主要指向应试水平的提升和学生学科成绩的改善。不少学校，依然沿用管卡压的方式，把学生管住，使学生服从，彻底地循规蹈矩，整齐划一，一门心思就是学习，就是提高学习成绩，成为很多政教主任、班主任、学校思想政治工作者的追求。比如说，由于安全因素的压力，我们的孩子被关在校园里不能出门也就罢了，竟然出现了一些学校做出了在校内"不许跑动"的规定。比如说，有些学校的语文组，对鲁迅小说的教学竟统一用完成教辅习题来代替。

那么，现实的学校教研或者基于学校的教研重点应该解决哪些问题呢？从目前学校建设和发展中出现的新情况、新现象来看，突出的问题，主要集中在下列几个方面。

教育问题。主要表现为学生工作、学生发展中问题的解决，如学生的心理健康、思想品德、学习兴趣、学习习惯和方法等方面的问题；如何在整个的学校教育、课堂教学过程中确保公平、道德；如何采取科学和人性化的教育方式，让学生理解和愿意接受诸如人文、品德和行为习惯养成方面的教化。

教学问题。学校教研主要解决的是教学问题。笔者的观察、调研和分析，当前最为严重要的问题是课堂问题，课堂问题的关键是教学模式和手段问题。课堂问题已经不仅仅是一般意义上的教学效率问题，而是涉及课堂的文化问题：课堂的道德伦理，比如公平，平等，因材施教，差别化教学等；学生的学习兴趣、态度、方法；学科的价值取向，比如基本目标与终极目标的关系，知识技能、过程方法目标与情感态度价值观目标的关系处理等；模式、策略、方法、手段的学习运用：各类风行的模式是否适合本校，统一规定的教学方案是否适合所有的班级，多媒体课件是否在所有的学科所有的课堂的所有环节都是必需等。

教师问题。教育工作者自身的问题，现在看来，中国教师这许多年来，紧随着课改，应该说，教师的专业素养尤其是理论素养有了一定的提升，但是教师的社会地位和影响并未因此而有提升，在不同的区域表现为下降的不在少数。这除了课程实施能力方面的问题之外，师德问题、人文素养问题已经成为大家关注的焦点。敬业、奉献、责任担当在不少城市和经济发达区域的农村越来越成为问题。有人把今天的教师的社会地位和影响力与民国时期、中华人民共和国成立前甚至"文革"前后的教师相比，总觉得教师的令人尊敬的程度似乎大不如从前，这除了社会的因素，也有教师队伍自身的因素。

教师的专业素养和文化素质也持续走低。不少老师应试教学的技术水准和综合的教育教学素质之间不成比例。比如指导和引领学习的能力，独立设计教学和设计作业的能力，组织和管理教学的能力都有明显的欠缺。有学者说，中国的基础教育假如哪一天彻底取缔了"教辅用书"这一世界最烂的图书市场，还有多少老师会教书？

教师的文化素质也即知识宽度的问题。有人描述现实中不少教师是三本书打天下。一本教科书；一本教学参考用书；一本教学辅助用书，实际是教辅资料或称练习册。除此而外的一些内容，不少老师无心也无暇顾及。很多人在课堂教学中隔科如隔山，偏居本学科一隅，难以融会贯通，常常闹出笑话。老师们欠缺的主要不是学科的深度，而是应该具备而一时还不具有的知识和文化的宽度，因而也无法逐渐构筑教学乃至教育的高度。这虽然有学校管理和应试教学等外部因素的强力制约，教师自身的思维定式、学养追求和人生设计也是不容忽视的因素。

教师的个性问题，因为应试，因为集体备课制度的执行中的误区，因为少量教学模式的被热捧、被盲目效仿，有个性的教师真的越来越成为"罕物"；教师的思维品质问题，这应该是上一问题的延伸。这几年，由于培训，培训中"专家"的强势威压，也由于应试下教业负担的挤压，教师自主阅读、自主研修、独立思考的时空被侵占，加之长期以来统一的"考试"和教育，教师的独立思想、学术视野、求异精神严重缺失，教师的实践更是遵循着考试的指挥棒而运作，很少看到具有批判思维以及基于此而大胆实践卓有建树的老师。在很多与专家对话交流的现场，哪怕学员是特级教师，敢于"叫板"专家，申论一家之言的都是极为稀少的。

教师问题还表现为应试重压之下的身心健康、教学疲劳、职业倦怠问题，以及由之延伸出来的家庭问题等等。这尽管不是教育本身的问题，但却息息相关于教育，相关于学生和每一节课。

瞄准这些问题进行研讨，并采取切实有效的措施加以改进，可能是现阶段的校本研修的重中之重。

研究方式的问题与改进

校本研修是一种基于学校本位、主要通过自身力量解决学校自身问题的问题解决方式。它更多地突出作为学校发展主人的教师的研究自觉和主体地位，尽管这里丝毫不排斥外在资源的吸纳和借鉴。

对校本研修，我们习惯上用专业引领、同伴互助和实践反思这三要素来加以描述，实际这也是学校教研通常的三种路径和方法。我理解，上述所言的各个方面的问题通过校本研修的这三条路径应该都可以获得解决。

但在认识、理解和具体实行这一研修方式的过程中，误解和误区较多。这里择其要者做些分析。

1. "自主研修"是校本研修的关键

在对校本研修的理解和实行中，我们通常比较多地强调了"专业引领"和"同伴互助"的作用和价值。课改之后，我们看到，大量的教育专家和教科研人员纷纷"纡尊降贵"进入校园，带给广大教师春风化雨般的滋养；与此同时，多种以团队、小组、共同体形式而开展的"集体备课制度"，以及在此基础上形成的相对一统的教案、学案、教学案、讲学稿等，更是带给不少教师特别是青年教师以大量的实惠和便捷。也因此带来不少学校的教学质量的大面积提升。这自然是了不起的进步。

但当进入教学改革的微观领域，很多注重宏观和中观的所谓理论一时还难以解决许多教育教学的深层次、细节性和个别化的问题。而且教师是一个活生生的生命存在，总是面对着不同的班级和不同的学生，他们的教育教学需求，他们的专业发展需求，无不带上浓厚的个体和个性化的色彩。这时候，仅仅依靠"专业引领"和"同伴互助"，要想实现教师发展和教学进步显然是有严重的不足的。

实践反思，是教师个体自主研修的主要方式，也是最主要的教师发展路径。一方面，哲学的内外因关系的理论早已证明了这一点；而教师发展的理论则告诉我们，教师的专业知识一般包含本体性知识、条件性知识和实践性知识，其中实践性知识是教师专业知识的核心，而实践性知识是教师自身日积月累的结果，只能通过教师对自身教学实践的反思获得。也就是说，充分激发教师自身的主观能动性，通过对"实践"的思考、分析与已有"专业"知识的温习、借鉴和运用，以及在此基础上的"同伴"的合作攻关，逐渐实现问题的解决；这可能是最为有效的研修过程。

给教师减压、松绑，清理烦琐而无效的管理框框、程式，让教师静下心来，自己支配自己的时间，自己独立学习、思考，可能要比过多的初衷良好的群体性、运动状的"活动"包括有些低效的培训活动的价值高得多。教师的学习、提升和发展，本质上与学生的学习进步是一回事。

2. "反思"不应成为教师的负担

实践反思中的关键词是"反思"，这是课改的一个核心理念，也是被滥用了的一个概念，以致在某些区域老师们谈"反思"色变。因为有人认为，反思可以解决教学改革和教师发展的一切问题，于是一经倡导，不少地方教育行政和学校立马做出了许多推进"反思"的极端举措。比如规定每一节课后都必须写反思笔记，每周必须写数篇反思博客，甚至还有字数的要求。据说，有校长还定期不定期地收缴、检查教师的"反思"文字。

反思是几乎每一个用心教育的教师的自觉思维方式和自我提升的方式。某一节课上得特别成功，看着学生的满脸喜悦，他迈出教室走向办公室的步履轻快而自信。一路之上，他会思考分析，这节课为什么能如此顺畅，如此有效，如此让孩子开心？也许当他走进办公室打开教材备课时，答案已经出来。这便成为他下节课教学设计和教学实施时的原则和指南。同理，一节不太满意或者失败了的课后，优秀的老师也应该是这样思考并把其结论作为后面教学的镜鉴的。

这是真实的反思过程，显然也是卓有成效的反思过程，大概优秀教师的发展都离不开这样的一次又一次的经历，从而达成自身教学能力的螺旋式上升。

观察这样的反思过程，我们会发现，反思并不一定要体现在每一节课之后。留下深刻印记的反思可能主要是在那些重要的典型的实践中，如前所说的最成功或者是最失败的实践。典型的实践才可能有深度和深刻的反思，这样的反思才是有深远和长久意义和价值。反思也不一定要写成文字，更不必限定成文的字数。关键是看效果和价值，反思主要指向自身未来的教学行为，如仅仅流于文字的流畅和光鲜，而不能实现他自身教学行为的改善，这样的文字，这样的"反思"，又有什么意义呢？

3. "集体备课制度"的完善刻不容缓

由"同伴互助"而延伸出的各学科教师的"集体备课"制度，发挥教师的团队优势，通过集体研讨，取长补短，从而进一步优化和完善各教师个体先前的教学设计。这一制度十分优秀，在其建立并实施之初，的确产生了积极的作用。

但现实的集体备课在不少区域产生了异变。集体备课已经成了分工协作设计教学的代名词，变成了"少备课"的代名词。在某些学校某些备课组里，每一老师每学期的备课量只需原来的几分之一，同教材老师越多，单个老师的备课量越小。备课组长，学期初做一分工，老师们只需将分得的"任务"完成，再与各位老师共享，就大功告成了。如果学校管理严格，备课组长工作认真细致，大家还会对各自负责的"任务"进行研讨和二次加工，那就是相当优秀的了。问题的要害在于，很多老师几乎不需要每节课都进行独立深入的文本研读和针对本班学生的教学设计了。

我以为，教师的教学活动——从设计教学、实施教学到作业布置乃至作业的批改讲评，应该是一项最具独立性和最富有创造精神的劳动；从这一意义说来，"互助"是教师"同伴"间建立在独立创造——主要是自主的教学设计基础上的"有限"的帮助和优势互补，而不应完全是"分工协作"，更不是换工和代替。

而教师的专业发展，就教学实践的层面而言，又主要集中在两个领域，一是设计教学领域，在细致入微地研读直至弄通弄透了教学内容之后，再根据本班学生的固有的知识结构、学习习惯和特点，精心设计带有自己鲜明教学个性风格的教学方案。这是一个学习的过程，一个思考分析的过程，犹如艺术家之构思一件艺术品，工程师之构建一幢宏大建筑之蓝图。教师教学过程中精神层面的愉悦主要源自于此，蓄积于此。一是教学实施领域。教案在课堂中通过老师组织而圆满实施，实施中的互动交流，交流时的不断生成，生成中的即时到位的指导，以及在老师指导下学生问题的由浅入深的解决，让老师在这一过程中不断享受成功的快乐的同时，教学和教育的智慧得以激发和升华。

将他人的设计"原版"移用至自己的班级，且不说有违"因材施教"的原则，只是走"程序"和"过场"式的教学，找不着感觉，更无从生发激情，这正是不少教师不爱上课、视上课为畏途的原因之所在。

完善集体备课制度，关键就在于回到制度设计的原点，只要强化自主、淡化"集体"就够了。规范备课要求，将独立备课作为教师教学活动的基本环节、主要环节，在此基础上开展真实的、有效的集体研讨活动，以之作为自主备课的一种补充，而不是喧宾夺主。对于不少学校已经普遍使用的"讲学稿"和"导学案"模式，我的想法，一是进一步强调方案统一前的独立研读和设计，二是进一步强调方案统一后的调整和个性化安排。

这样，也许教师的劳动量增加了，——实际是"复位"；但这样的增加带来的是教学的真实，带来的是教师专业的发展、个性的保护和张扬以及教学过程中的创造和愉悦，更重要的是它让学生享受到了符合其实际和个性发展需要的教学。

其他值得注意的问题

在现阶段，校本研修制度的建立一方面需要教科研制度的不断完善，尤其教科研机构的全力支持和推进，另一方面，也期待教科研人员自身素质的不断提升，当"宏大叙事"的时代过去，微观领域的指导能力，教学环节尤其是课堂问题的解决能力，对教科研人员是一个严峻的考验和挑战。走进课堂能上课，听完课后即指导，合规律，有实效，能到位，这需要实践、学习和不断地思考分析；教科研部门的工作方式也需要调整，发号施令、上行下效式的大规模"运动"应该让位于满足学校个体发展需要、能够解决具体问题、小型多样的活动。变传统的主动出击而为"守株待兔"；提供指导菜单、接受预约服务被很多区域的实践证明是一种行之有效的制度。我省的南通、南京和常州等地在这方面已经做出了成功的实践。

管理者对校本研修要有足够到位的认识和理解，要花费大力气全力推进这项工作。正确认识校本研修三要素的内在联系，准确理解各环节的内涵和要点，要根据本校、本校教师和学生发展的特点，采取适切的研修策略，万不可人云亦云，见到风就是雨，轻率做出许多劳民伤财、吃力不落好、花钱买罪受的"决策"；或者东学西效，拿到篮里都是菜，折腾来折腾去，到头来就是没有自己的东西。在努力减轻教师负担的前提下，充分尊重教师的发展意愿，积极为他们的自主自觉的研修、发展成果的展示提供保护，提供平台和经济的支撑。

当然，作为教学和发展的主体，教师的发展动力和研修意识，也需要激发和引领，有些还需要一定的教育和强制，这也是教育行政、教科研机构、教师培训机构和学校管理者必须合力解决的问题。

规律·人性·常识

—— 教学创新的几点思考

在一个课堂教学研讨会的现场，一位初中语文老师上完课后，认乎其真地对我说，这节课用了我独创的教学模式，主体是按照"自主、合作、探究"的套路设计的，你看出来了吗？我很是吃惊，一节课就可以体现几乎所有主要的学习方式？实际上，哪里仅仅是这一位老师？比如有人以"三维目标"为主线，设计出所谓的"目标控制"课堂模式；有些教学无限夸大学生"学"的功用，以为所有的教学都可以"兵教兵"，于是教师在课堂中便无所措其手足；有些模式则将学生应该在课堂和学校中的"学习"无限度的"前置"到家庭，孩子在家中"上穷碧落下黄泉"，苦读、苦学、苦找、苦抄；更有将教材、内容、形式和所有的任务、要求，全都按照"考还是不考"的标准毫不犹豫、大刀阔斧地剪裁、砍削、瘦身的教学，几乎各学段各学科均是从入学的第一节课开始就展示终极考试的高傲和阴森，逼使每一个孩子无不乖乖就范于完全背离教育主旨的"功利"乃至势利的轨道。

纵观比较流行的模式，一般似乎都有如下一些特点：提法新鲜奇绝，或借用课改新概念，或一改传统旧程式；质量有所改观，或多数同学学习更刻苦，或班级、学科总分有进步。前者为表，后者为里，表里合一，加之总是为应试"张目"的少量媒体的鼓噪，更为重要的，是某些模式迎合了当下社会无处不在的畸变了的教育心理和教育现状——赤裸的功利，浮躁的创新和口头的"人本"，一些模式的风行便是顺理成章的事了。

真理稍稍走偏半步，极有可能变成谬误。我以为，教育教学需要模式，需要好的模式。鉴别模式的好坏，我觉得有几个要件。

一是是否合乎规律。规律是事物之间的内部联系，是客观存在的，不以人的意志为转移的。就课堂教学而言，重视"知识"和"技能"，重视"方法"和"习惯"，重视"先学后教，以学定教"，应该是规律。而把原本属于"课程设计"的三维目标降格为课堂目标，指望通过一节课就来改变人的"情感、态度与价值观"，那就显然是反规律的。

二是是否合乎人性。以人为本的基本底线是尊重学生的"人性"，学生尽管以学习为主业，但学生仍然应该有自己的生活自己的爱好自己的享受，应该有他此一阶段完整丰富的生命形态，比如悠然遐想的快乐，玩耍交往的快乐和天伦之乐。但当我们把学习中的大量的任务和负担转移转嫁到到家庭，让孩子视家庭为学校，以为学生生活的一切就是学习，为之可以夜以继日昏天黑地死去活来，这种知识教育的过度化不独是反教育，而且反人性，结果必然是毁了孩子。当前，"慕课"和"翻转课堂"正逐渐进入学校和课堂，其优势正在被广大的教师所发现和认同，但假如这样的"开放"和"翻转"被有些学校和个人"念歪了经"，将其理解并操作为学校教学的"家庭化"，我个人以为，终有一天也会走到这种理想设计的反面。

三是是否合乎常识。某些区域的教育在某种猎奇逐艳的所谓"改革"中早已脱离了根基和原点，甚至南辕北辙了，我曾经说拯救现实教育需要理性和思辨，需要回到本真和常识。反思我们自身对于专业学科的学习，直到今天，几乎没有例外地都是独立自主地阅读、思考、练习而获得进步和成功的。既如此，我们为什么会在课堂中一味地无限地夸大"小组"和"合作"的神奇作用呢？甚至还有人慷慨喊出"孤独可耻"的口号以为这样的学习模式"张本"。买椟还珠，舍本逐末，不能推己及人，置常识常理于不顾，这要么是不懂，要么是故意，于教育于学生害莫大焉。

教学行为的改革和创新最要关注的是"育人"，此人乃立体完整全面发展的人，关注学业和智育的进步很重要，但绝不要忘掉还有身体素质和审美素养等的培育。有人说，这后两方面对于今天的中国学生可能比什么都重要，言辞虽有极端，但不能说全无道理。而这，对于我们现实一刻也不会停息的教学和模式创新，都将有着莫大的启发和教益。

第六篇

探求与样本

开放：现代教育的本质属性

—— 江苏教育 30 年发展的经验

习近平同志今年9月的访美并出席联合国大会,成为今年我国最为重要的政治大事,其在西雅图等多个场合的演讲中重申: 数十年中国经济社会政治发展的历史一再表明,开放才能搞活,开放才能大发展,开放是古老中国走向并"屹立于世界民族之林"的不二选择。这一全面"开放"的姿态和宣示,表达的是转型中国的自信、雄心和和平发展、融入世界的理想和理性。

教育事业作为一国发展和强大的至为关键的领域,理应如此。甚至从一定的意义上说,理应更是如此。

论及教育,不可以不说孔子。孔子之所以成为孔子,不是与生俱来,不是凭空而降,是"外向"求取学习而得。据《史记·孔子世家》: "孔子晚而喜《易》,……读《易》韦编三绝。曰: '假我数年,若是,我于《易》则彬彬矣。'""韦编三绝",那是需要耗费多少的心力精力才可达到的境界,这是任何一个自以为是、故步自封的人所无法想象的。是"外向"汲取、感受、体验,不断深思内化的结果。据《论语·子罕》: "子在川上,曰: '逝者如斯夫! 不舍昼夜。'"孔子独自静坐江边,看江水滔滔,不禁感从心生,这流逝的岁月,不正如这江水奔流,昼夜不息,我等怎能不只争朝夕啊! 这等人生的感悟,正是孔子将外在的自然之观与自在生命的状态比照而论,发现出生命的真谛,也进而成就了他自励苦学,不断进取的人生理想和境界,也所以才有他"朝闻道,夕死可矣"的生活激情,才有他对于其得意弟子子路的由衷的赞叹之言: "其为人也,发愤忘食,乐以忘忧,不知老之将至云尔。"(《论语·述而》)不仅如此,也是孔子"外向"生活、博采民间和社会而获智养慧的结果。

孔子驾一辆马车，率几个门生，周游诸侯列国，至卫，遭卫相猜忌，被困长久，然孔子师生仍可以"三日三夜弦歌不绝"；到鲁，闻泰山脚下乱坟之中有妇人哀哭之声，终于得知一家三代男子为躲避苛捐杂税而为老虎所食的现实。前者让弟子悟得小人当政必致的祸患，后者则让弟子切身感受到暴政给百姓带来的"猛于虎、毒于蛇"的灾害。这种现场实景的教学，这种身临其境体悟和获得，不仅是学生的，也是老师孔子的；这是"生活教育"的源头。

孔子之成为中国最为优秀的世界级教育家，是一心向外、由外而内的结果。

也不能不说比孔子小6岁的苏格拉底。作为古希腊最伟大的哲学家也是教育家，苏格拉底几乎就是在社会的大舞台、生活的最底层，在与人交流、向人学习的过程中成长起来的。家境贫寒的他，一个偶然的机会得人援助，在随父从事雕刻的工作之外可以稍有些时间学习。他向各种有学问的人虚心求教，读了许多古代哲学家的书，听当代哲学家阿那克萨哥拉讲学，听智者学派的雄辩。苏格拉底爱好广泛，学习体育、音乐，逐渐形成了自己的人生观。20岁时他跟随安那克萨哥拉的弟子学习自然知识，他喜欢思考探索，对许多问题都想弄个明白，但是由于对老师的答案不满意，自己又想不出个所以然，他便放弃了对自然知识的追究，转而关注起身边的社会。

苏格拉底还认为，获得知识的唯一途径就是通过对各种不同的想法和观念进行讨论，所以他的一生都花在了与他的弟子（比如柏拉图）、朋友和市区广场上遇到的旁观者进行交谈上。他甚至希望在阴间也能继续从事这一事业，找出"谁是真的明智，谁是假装明智"。

在苏格拉底的弟子色诺芬看来，苏格拉底总是人群的一部分，他很喜欢混迹于人群。他"属于人民"，或者可以说是一个为民而生的人，而且与朋友们和普通百姓说话时，他只讲他们听得懂的大白话。所以有人说，广场是苏格拉底的情绪、精神和智力的家。

外在的书本、外在的他人、外在的自然和社会，尤其是外在的生活，这就是苏格拉底求取真知的主要对象，这和孔子接受教育和实施教育的经历、经验、理解和主张几乎异曲同工。

是不是可以这样说，几乎每一个科学家、哲学家、思想家和大教育家，都是一个异常活跃、无限开放的生命结构。

那么我们不禁要问，究竟什么是教育？教育的本质是什么？

在众多关于教育的阐释中，我比较认同的是，教育是引领生命个体逐渐社会化的过程。一个人出生，懵懂无知，足不出户，是一个"家庭人"。以后终将融入社会，成为完整的"社会人"。在从家庭进入社会之间，教育的意义就出现了。必需的社会知识、生存技能，与人相处的方法和规则，需要引领和指导，需要学习、训练。如何引领生命个体的社会化？杜威说："我认为一切教育都是通过个人参与人类社会意识而进行的，这个过程几乎是在出生时就在无意识中开始了。它不断地发展个人的能力，熏染他的意识，形成他的习惯，锻炼他的思想，并激发他的感情和情绪。"（《我的教育信条》，以下同）因为这样的认知，杜威在对学校教育的论述中说："我认为学校必须呈现现在的生活——即对于儿童来说是真实而生气勃勃的生活。"他在批评某些教育现象时指出，现在教育的许多方面的失败，是由于他忽视了把学校作为社会生活的一种形式这个基本原则。现代学校把学校当作一个传授某些知识，学习某些课业，或养成某些习惯的场所。

也就是说，现实的许多教育违背教育的基本规律，比如把学校做成了一个完全隔绝于社会生活、完全背离了生活需求的封闭结构，这究竟是为了培养未来的生活人，还是为了某种当下的目的而异化了的功利人。看今天中国的教育，与杜威批评的当时的现实，显然是有过之而无不及的。

不知在什么样的媒体，看到关于对于"衡水高中教育"现象的讨论，唇枪舌剑，各执一端。为之辩护者慷慨激昂，理直气壮。即便是"集中营"一般"管制"（不是管理）严苛一般的学校，即便是把省内高中学生精英堆在一块拼杀，即便惨无人道，以通过分数"杀掉"他人为目标、为快乐，仍然在"家庭满意、人民满意和脱贫通道"的冠冕下获得"正义"和"公平"堂皇解释。完全脱离时代、脱离国际教育的大背景，背离人性，背离孩子发展的未来，背离教育的本质追求，从教育致富、教育敲门砖这些异化了的极端功利的价值观的角度来申说。言者振振有词，凿凿有证，似乎很有说服力。

问题出在哪里？我觉得跟论者的极端的封闭思维极有关系。现实的贫穷，竞争的压力，生存的艰难，以及现实社会重名轻实的功利，难免使人陷入急功近利的思维怪圈而跳脱不出。难免让人面对眼前某些急近甚或投机而有大获的现象产生艳羡，并进而视之以为规律。

由此想到一则故事。

清末，法国使臣罗杰斯对中国皇帝说："你们的太监制度将健康人变成残疾，很不人道。"没等皇帝回话，贴身太监姚勋抢嘴道："这是陛下的恩赐，奴才们心甘情愿。怎可诋毁我大清国律，干涉我大清内政！？"

有人就这则故事曾经评论说，大清国人人有病。什么病？就是做了奴隶而不知道自己是奴隶，还以为自由着的病。林语堂先生曾说过，中国有一类人，身处社会最底层却有着统治阶级的思想。

问题出在哪？就因为长期身处如鲁迅所言的"铁屋子"中，遮天蔽日，昏天黑地，"乃不知有汉，无论魏晋"；他又何以知道，山外有山，天外有天，海的彼岸有世界，有民主政治，有人人生而平等，可以不必向天底下任何人下跪，更有人性、青少年成长和发展的规律；教育不是为了"升学"，更不是拿他去"敲门"，而是要打下精神的底子，获取生活的常识，在自由的学习生活中，学习和体验生活的自由，从而不断去建设幸福自由的人间。

当跳出教育，打开校门，睁开双眼，当渐具了国际视野、未来战略，这些东西完全可以"见光死"。这就是"开放"的伟力。

开放是教育的本质属性。开放提升了教育的境界，开放蕴蓄和扩张了被教育者思维和发展的张力。开放的教育才是真的教育，没有开放，教育必然走向教育的反面，就会变成反教育，甚至反人性、反人类。

在关于教育的江苏故事中，我特别钦佩两个人。一位是著名的语文教育家洪宗礼先生。洪先生从一个普通的语文教师出发，从苏中的一所普通高中出发，用半个世纪的时间，成就了中国语文教育的一个传奇、一个不朽的神话。他几乎是以一人之力，抗衡着计划经济"一元"、强大的行政背景掌控、无与匹敌的出版资源全盘"垄断"的国家层面的出版机构，主持编写、出版了在国内外极具影响力的多版本初中语文教材。迄今为止，除了国内仅有的出版巨头，似乎仍然无出其右者。

语文教材的编写，是一项规模极为宏大的浩繁事业。它涉及的不仅是语文课程语文教育教学本身，它还关联到社会、政治、文化等多个领域，而且有些还是非常敏感的领域。在中国，就一般人而言，不要说主编语文教材，就是想象一下这件事，产生这样的念头，可能都不可思议。笔者作为语文之后学，从20世纪90年代中后期追随洪先生，请教受惠，常得耳提面命，深深体会到洪先生的"山仁水智"，高风亮节。感受尤深的，则是洪先生的胸怀阔广，大度恢宏。他的洞开的心扉，广结的善缘，集聚的五湖四海的语文教育精英，是成就他语文教育伟业的重要基点。试想，在中国，就语文教育思想而言，一定有可以与之相争高下的；就语文教学实践而言，也一定有可以相提并论的；就教材的编写能力而言，也一定有可以相与匹敌的；也或者就语文教师的德行而言，也有可以与之比肩而立的。但是，能够做到诸美并具又具有如此博大胸襟且虚怀若谷、海纳百川、汇聚海内外语文英豪而共襄盛举的，大概真的难有第二人了。

与洪先生交流，只要涉及语文教育，涉及语文教材，都可以畅所欲言，都可以没日没夜；即便在他身体有所不适的时候，他都可以与你彻底放开地交心；你可以是支持者，也可以持"不同意见"，但只要有益于语文课程建设，就都是同盟军、一家人；不怕争得慷慨激昂、面红耳赤，当然又常常是论得情投意合、渐入佳境。

正是这样的境界，洪先生的语文教材建设的团队，高峰时达到200人之多，来源分布在国内外语文教育以及与之相关的10余个领域。

开放理念和思想，开放胸怀和品质，是洪先生成就语文教育功德的基础性元素。

在江苏的名校长队伍中，省天一高中的沈茂德无疑是一位极具魅力的教育家型校长。

天一中学最近10余年的发展几乎是跨越式，超常规的。这主要源自于沈校长及其团队崇高的教育理想和理念，优秀的教育理解和主张，以及在此基础上的踏实的教育践行。在应试异常惨烈的现实背景下，他们不讳言教育教学质量，但是绝不仅仅只有单一的学科教学质量、高考升学质量，而是放眼世界，对接国际教育，着眼未来，指向学生一生发展。天一人，艰苦备尝，收获的是一届又一届学生的高质量、真素质。由此天一高中成为省内外国际化程度最高最优的学校之一。那么这个学校的"掌门"沈茂德又是怎样一个校长呢？

一位曾经从南京到该校借读的学生自豪地告诉我，我们"天一"的学生与校长是平等的，有时甚至不分彼此，比如说，我们总是称沈校长为"茂德兄"。纡尊降贵，敞开胸怀，把自己置于普通学生的同等地位，与学生平等对话交流，说真话，说普通话，与学生推心置腹地说话，其赢得的不独是学生的尊崇，关键是潜移默化地培养起孩子的民主意识、平等观念和自由精神。

天一中学与世界教育最为发达的国家和区域有着广泛的联系和合作，很多一流高校将天一作为国外重要的生源地，而且授权沈校长可以直接选荐录用优秀的高中学生。这是自身的开放赢得的高度信任和尊重，更赢得的是对方的更大程度的开放的回报。

每年的下半年，天一中学都会有一个大型的面向全国的教育教学的对外开放活动，来自全国的千名以上的高中教师和校长汇聚"天一"，共话教学改革，共谋教育发展。该活动免费、无偿，没有门槛，不设条件和界限，来者为客，上门是亲，天下教育是一家。宽厚大度，赤诚无私，这是真正的教育家型校长的教育境界。

2015年暑初，因为教育部名校长领航工程的相关工作，沈校长以参训名校长学员的实践导师的身份，前往新疆生产建设兵团名校华山中学及其相关对口支持学校。所到之处，他为相关学校出谋划策，提供思路，提供策略，将自己一些优秀的教育资源一无保留地奉献出来，现场办公，即时解决，并慷慨表态，用联谊的方式，对口支持相关学校教育教学诸多领域的快速进步和发展。这样的真情奉献、这样的"干货"推送，这样的视他校为己校，表达的是沈校长的赤心、博爱和极为难得的家国情怀。

江苏基础教育大家庭中，像洪宗礼先生和沈茂德校长这样的教育家还有许多。他们的成长经历和故事几乎无例外地表明，社会大背景所搭建的开放舞台，校长和教师自身具有的开放品质，是不可或缺的条件。这就应了一句古语："海阔凭鱼跃，天高任鸟飞。"

开放是一种品质，它表现为胸襟博大，气度宏阔；它表现为海纳百川，泰山不让细土，故而有"风雨兴焉""蛟龙生焉"；教育的开放品质，表现为高瞻远瞩的教育视野，广收博览的学习风范，唯有这样的校长，能成就一所所老百姓真正满意的国际化名校，唯有这样的教师，才能成就出或者教学实践或者教材建设等如星光耀眼的辉煌。

开放是一个空间概念。"不畏浮云遮望眼，只缘身在最高层。"开放者总是居高临远，因而取法乎上，常能领风气之先。教育的开放就是要定位高远，放眼全球，与最优秀的国际教育交流，与最优秀的教育模式对话；为民族和家国的命运着想，为儿童和国人的未来负责。局限于一隅，用小农经济的视角，死盯着一两个所谓教育致富甚至成功的样本，并放大而为"中国皆准"的真理，自然会在衡水应试的"温水"中沾沾自喜而睡去，并且浑浑噩噩说昏话。

开放还是一个思维概念。开放的思维一定是立体而非平面的，一定是多元而非单向的，一定是批判地吸收而非认同着照搬的。教育的开放思维，总是在国情和现实的基础上，在深度的国际比较中，如鲁迅先生所言的那样"运用脑髓，放出眼光，自己来拿"的。

开放更是一个实实在在的内涵异常丰盈的概念。兼容并蓄，博采众家之长，如习近平同志所言，世界上的一切文明成果都要借鉴，都可以拿来学习。教育的开放，从内容角度，就是要从理念到模式，从课程到教学，有利的有用的，大胆的勇敢的，慧眼识真，取真取精，取长取优。如此我们的教育才可以技术换时间，以理念换空间。借此赢得与世界教育的同步共舞，和谐发展。

与国家层面的改革开放同步，江苏的基础教育在波澜壮阔的开放、改革中创造了许多壮举，赢得了很多辉煌，可以说，今天的江苏教育现代化水平，就是开放发展的结果。

转型期的中国，教育的发展与其他社会事业一样，同样需要在上者的顶层设计和全力推动。改革开放以来，江苏的教育行政几乎是与国家政治、经济和其他社会事业的快速发展同步甚至有所超前，整个教育呈现出欣欣向荣、蓬勃旺盛的开放态势。从整个基础教育的发展现状看，大量的带有"国际化"标识的"外国语学校"稳步健康成长，尤其是许多带有国际特色的民办学校也得到扶持和发展。

之所以如此,这与江苏教育的行政决策者的宽视野、大胸怀和远见卓识有关。即便是教育的开放，也是由理念、规划、策略和方法的区别。江苏教育坚信，教育开放，最为重要的是人的开放，教育人的教育理念、思想和视野决定着一个学校、一个地方乃至整个区域教育发展的层次和水平。都说一个好的校长就是一所好的学校，关键就在于这一位好校长，好就好在他的教育思想和观念，他的发展眼光和决策。难道仅仅是校长？教育行政官员，一线教师，和那些茁壮成长的青少年学生，又何尝不是如此呢？

教育人的眼界如何高远起来？教育人的胸怀又何以宽广起来？如何让一线教师具有国际教育的视角？又如何让孩子能够睁开眼看到真正的世界？

10多年的时间里，江苏省教育厅在省级财政的大力支持下，校长和教师培训工作空前快速推进并发展，每年10余万人参加省级以上培训，洗心，换脑，转型，带来了教育教学尤其是课程建设方面的长足进步，为基础教育突破应试藩篱，走出均衡新路，做出了十分重大的贡献。尤其是江苏省教育厅在海外合作建立的五大教育培训基地可以说发挥极其重要的作用。每年。江苏省内学校数千名老师校长，前往海外基地研修，学生利用假期出国修学，众多行政官员参与短期培训。他们在不同层面的研修、交流、培训现场，观摩真实情境，汲取教育真经，开展科学的比较分析，获得实在实用的教诲和启发。前述的洪宗礼先生和沈茂德校长他们都是这样的高端研修的受益者，也是这样的培训的指导专家和导师。

毛泽东说，世间一切事物中，人是最可宝贵的，只要有了人，什么人间奇迹都可以创造出来。而人的成长和发展，开放是最好的策略和路径。江苏最近30余年来教育的迅速发展和成功，就是最好的明证。

海外培训：中国教师队伍建设的"江苏样本"

在2015年的一篇文章中，我这样描述江苏教育这10余年来"开放"的姿态：

教育人的眼界如何高远起来？教育人的胸怀又何以宽广起来？如何让一线教师具有国际教育的视角？又如何让孩子能够睁开眼看到真正的世界？

10多年的时间里，江苏省教育厅在省级财政的大力支持下，校长和教师培训工作空前快速推进并发展，每年10余万人参加省级以上培训，洗心，换脑，转型，带来了教育教学尤其是课程建设方面的长足进步，为基础教育突破应试藩篱，走出均衡的新路，做出了十分重大的贡献。尤其是江苏省教育厅在海外合作建立的三大教育培训基地可以说发挥极其重要的作用。每年。江苏省内学校大量的老师校长，前往海外基地研修，学生利用假期出国修学，众多行政官员参与短期培训。他们在不同层面的研修、交流、培训现场，观摩真实情境，汲取教育真经，开展科学的比较分析，获得实在实用的教诲和启发。前述的洪宗礼先生和沈茂德校长他们都是这样的培训新政的受益者，也是这样的培训的指导专家和导师。

毛泽东说，世间一切事物中，人是最可宝贵的，只要有了人，什么人间奇迹都可以创造出来。江苏教育的成功和成就就是最好的明证。

其中特别提到了"教师培训"。由省教育厅师资处直接领导的关乎全江苏70万教师的培训工作，为江苏教育的平稳、快捷、超常规却又健康可持续发展奠定了优质的师资基础，不仅如此，还以宏大目标、高端工程、经典项目、精准实施和成效卓著，而享誉全国，为教育部教师校长培训决策提供了从理念到操作的重要依据和参考。有些项目本身甚至催生了教育部关于教师校长培训的重大工程，有些项目已经或者正在被全国许多省市自治区教育行政法部门效法和复制。

　　而其中的"海外培训"，则是培训这一教育亮点中的尤为闪亮的一颗耀眼的"明星"。

　　海外培训，这里主要指借助省教育厅在相关国家建立的教育培训机构，本省校长和学科教师骨干分期分批至教育发达国家和地区进行的现场学习和研修。而且就江苏而言，还特指在海外如英国、澳大利亚、加拿大和美国等国家建立的海外培训基地进行的专项培训。2002 年以来，江苏省教育厅已经在海外建立了 4 家以上的培训基地，如果加上相关院校和培训中心建立的对口合作基地，那就在数十家之多。江苏教育之所以比较早的确立建立海外培训基地、实施规模宏大的海外教师培训的战略，也是江苏基础教育内外部因素合力作用的结果，也是基础教育事业发展的必然。

　　江苏作为中国经济最为活跃的区域，各项社会事业从世纪之交以来可以说一直处于国内上游，上游的第一方阵。教育事业尤其如此。当时国内教育流行一种说法，叫中国教育看江苏。每听此言，可能江苏教育人首先会有一定的自豪和自信，但稍一静思则不由不焦虑紧张，也许江苏教育从历史到现实相较于其他区域，有一定的优势，有一定的基础，但如果讲全面，讲综合，讲内涵，讲可持续发展，我们是不是真的有优势和绝对优势。这显然谁都不可以打包票。何况处在这样的初级阶段，与国内其他区域一样，基础教育还处在相对比较落后的"应试"阶段，而且即使在最近的一个较长阶段，似乎还未曾找到"突破"的良方，于是凭什么可以安享此所谓宏大叙事式的夸赞呢？如果我们没有这样一种自觉和警醒，弄得不好，这样的表达有可能会变成"催眠"的小曲，让我们终有一天找不着北。

　　更何况，这许多年来，从国家政治到社会，从经济到教育，"转型"越来越成为发展的关键。生态的健康的可持续发展的理念越来越深入人心。"绿水青山就是金山银山"可以说不仅仅是社会事业发展的理念，也成为教育人应该谨守的信念和理想。那么，教育如何转型？教育转型的关键在哪里？如何推动教育转型的顺利快捷的实现？这些成为我们江苏教育人研究的重要课题。

　　而且更何况在我们的周边，北京、上海、广东、浙江的教育的地域优势、背景和文化的优势，在基础教育的方方面面都有各自的亮点、各自的优势，各自的经验，在这样的强手如林的环境中，江苏人如何在保证自己的优势的同时，又能在一些关键之点上亮出一些独特的招数来呢？

　　最终的共识还是落在教育的核心部位，也就是核心竞争力上。这就是教师发展，而且是定位在互联网时代、国际化发展、全球性竞争背景下的教师的高位高端发展。因为教师即教育，教师发展才有教育发展，有什么样的教师，就有什么样的教育。而要培养出可以与国际教育比肩的江苏教师队伍，只能走教师培训和教师发展的国际化道路。

而且在长期的江苏教师队伍建设过程中，由于历史上尊师重教的传统，也由于江苏师范教育的传统优势，江苏基础教育学校管理的优秀品质，逐渐形成了教师勤勉、敬业、坚韧、务实的个性，在国内，有着很好的美誉。如何突破我们自己的瓶颈和定式？走出国门，"取法乎上"，与高手过招，向优秀者学习，可能是最有效的路径。

从这一意义上讲，海外培训的"开拓"，也有着某种程度上自加压力，负重前进的"倒逼"意义在。

正是因为这样的考量，江苏省教育厅才会在逐步加大教师培训的经费投入、机构建设的力度，在稳步推进国内教师培训的同时，有意逐步有选择地在海外选择区域开始布点。

由政府出资，将大量的教师送出国门学习，以大面积、快速度地提升教师的整体水平，这恰恰体现了我国现行行政管理体制可以"集中力量办大事"的优势。西方国家培养教师和发展教师的体制和机制，与之有着较大的差异。那么，这样多的教师到海外又怎样来开展培训研修呢？如何从体制机制层面确保培训的针对性和有效性？这也是海外培训需要顶层设计、致力解决的问题。

江苏省教育厅在培训的初始阶段就对此做出了较好的体制性设计和安排。与国内教师培训通盘考虑，江苏基础教育阶段的所有培训都由教育厅师资处统一规划、统一管理，计划纳入教育中长期发展规划，列入每年的省级培训计划；具体计划和方案由专门的管理协调机构来落实和执行。凡是国内的培训，一律由江苏省教师培训中心和教育行政干部培训中心管理执行，海外培训则由教育厅国际交流中心予以实施。这就为本项工作的顺利优质地开展建立了组织保障。而陆续在海外建立的培训基地也是在教育厅相关机构的协调下稳步建设，视其需要，成熟一个，建立一个。现在看来，运作正常的几家海外基地，都较好地实现来建立的初衷目标。

也正因为这样的管理架构，这样的浓厚的行政因素的影响，15 年来，海外培训的运作规范平稳，广大参训教师收益良多，基层教育行政和地方政府反响良好且十分强烈。这里面还是有很多道理可说。

其一，在具体的项目开展的过程中，行政和专业机构的统筹部署很重要。每年的计划安排、项目、参训对象都是提前知道的。计划由教育厅师资处统一发布，计划数量会分解到每一市县（区）；各大教育局相关机构都有专人负责落实。国际交流中心也有相关的专职人员负责上传下达，负责相关的涉及境内组织的所有工作事务的安排。这就保障了本项工作的有条不紊地进行。特别是教师校长出境，涉及整体的国际交流计划，涉及安全，还有很多程序、手续，必须要有专门的机构做这样专业性很强的事儿。而教育厅师资处出计划；地方教育行政抓人头；国际交流中心抓统筹，抓落地，抓海内外衔接。三位一体，这是开展海外培训工作的十分理想的管理体制，是一个十分稳定"三角"结构。

其二，参培学员和团队的精心遴选是前提。海外培训重点关注什么样的人群？这与培训的目标定位有关。与国内培训不同，海外培训成本高，周期短，希望见效快。如何以小搏大，实现培训效益的最大化？海外培训应该也必须谨守的原则是，以点带面，抓关键，抓关键人群中的"少数"。比如校长、管理的骨干，比如学科骨干、教师中的精英，这些人已经发展到专业的较高层次，迫切需要外来的强刺激，促进其快速提升，而他们的提升又反转来促进、引领和带动身边的优秀者的成长。这一类精英管理者和教师的遴选，就需要地市教育行政基于本区域教育管理者和教师队伍整体发展的需求，整体权衡，精心筛选，优中选优。10 余年的海外培训工作看，这一点各地把控非常严格，全省参培人员成千上万，培训项目数百个，分布在这样多的国家和地区，都实现了平安、优质、高效，这与人员的精选分不开的。而地方教育行政在教育厅的统一领导下，高度负责，扎实工作，细致执行，是可贵的经验。

其三，课程内容、形式等培训方案的精心研制是关键。到海外接受培训，与异域教育交流，在其中学习、思考和研究，对于国内教师而言，是一个新鲜事儿、新生事物。如何进行？首先，从自身教育发展的需要、从自身成长的需要出发，按需定培，因材施教。根据不同的对象，不同对象的发展层次和发展需要确定培训目标，培训内容和形式，是海外培训的基本原则。这也是江苏海外培训为广大教师喜闻乐见的主要原因。其次，注重培训形式的多样化。与国内常见的专家讲座的单一刻板有别，海外培训更多地凸显国外先进的教育理念和观点，学校和学校教育教学的观察，教学现场中专家引领的问题研讨，中外教育现象的比较分析等，参训者在短短的两三周时间里，到高校向教育专家请教；走进中小学，与校长和教师面对面；还常常走进市政大厅，看教育行政运作的规范；或者听我国驻外机构的负责人讲述中外文化特别是教育的新见解，特别是他们在国际教育比较的视野下看中国教育改革的思考和思路。这样的教学形式和方法，新鲜活泼，机动灵活，加上内容和思想的层次，足以让长期在基层工作的校长教师真的脑洞大开，新思泉涌。再次，更多强调参训校长教师的参与度。即使是专家讲座，也都将讲课的时间大大缩短，或者他们讲座本身准备和设定的本身就不长；而且每一讲座、交流，专家都是带着众多的教育问题——中外教育共同关心的问题，比如道德教育问题，科技创新对于教育的冲击问题，未来教育和学校变革问题等。这样的形式，这样的要求，就逼得参训者不能不聚精会神、积极思考、主动参与，大家在这样的培训者，在这样高度紧张的思维思想状态里，深度深入，急中生智，着实会发生带有洗礼式的变化。

其四，严格缜密的培训管理是每一个海外培训项目圆满实施的组织保证。每一个培训项目实现层层负责，多重管理。每一个培训班全体学员出境前都必须接受一场"行前告知"教育，严肃纪律，明确要求，每人都会拿到一份十分详细清晰的"友情提醒"，涉及自我保护、组织纪律、国际礼仪遵守、国家和民族尊严维护等诸多内容。省教育厅师资处与国际交流中心还会在充分征求学员意见的基础上，为班级组建班委会，特别注意发挥教育行政官员、学校管理者和党员干部的领导作用和模范作用。境外培训期间，海外基地还会另外配备管理团队，除了做好培训课程实施、行程安排等诸多管理协调工作之外，他们还要协助班委会做好相关的协调管理工作，比如少量课程内容和形式的调整，个别学员突发的生活方面问题的解决。这就使全体学员一方面经受培训的严肃紧张的同时，也感受到心里安全、身心愉悦的温馨。众多的培训班的训后调查结果表明，学员的满意度很高，除了主题、课程的因素外，这样一种既有严格要求又有人文关怀的管理模式发挥了异常重要的作用。

除此而外，长期以来一以贯之的矫正机制，也确保了海外培训工作广受欢迎且经久而不稍衰。一般的培训项目结束后，相关机构会通过多种方式征求参训学员代表的意见，听取他们的建议。有时还会委托个别海外参训的培训管理者培训团队，一方面在自己参训过程中发现培训中存在的问题，另一方面，广泛调研，总结成功的经验，发现培训中的不足，形成建议报告，供教育厅海外培训决策时参考。2010前后，笔者参与一个培训管理者培训班，赴建立在英国曼彻斯特的"苏曼中心"培训，为时三周，我们在做好自身的学习研修工作之外，还受教育厅师资处和国际交流中心委托，在苏曼中心，召开了不同对象参加的多个座谈会，与正在该基地培训的培训班学员进行研讨，甚至主动寻求机会，与海外基地管理者接触，与国外相关教育研究专家交流，比较及时和精准地了解和发现现场培训存在的诸多困难、问题和困惑，从培训主题到培训地点和现场，从学习内容到学习形式，从培训的组织管理到生活安排，涉及方方面面，关注到环节甚或细节，可以说收集到了十分全面且特别有价值的意见和建议，同时，我们还结合自己海外参训的感同身受，认真思考和探究这类培训的实用、实惠和最有价值的地方，最终形成了一份非常完备的专项调研报告，得到了教育厅相关处室、部门的高度评价，而后来各类班次培训方案的不断改进和完善，与这一次的调研和这一份报告有着很大的关系。现在看来，高端的顶层设计，有力的到位执行，特别是卓有成效的矫正机制，以及持续认真的改进和完善，注定了江苏海外培训健康持续发展的必然性。

正是这样的细致谋划，精心运作，江苏海外教育培训平稳、顺畅、高质量地走过了 15 年的历程。15 年来，为江苏省基础教育各级各类学校、教科研机构和教育管理机构培训了 3 万名教师、校长和教育管理干部。

广大的教育工作者，在海外短短的两周或者三周时间里，进大学，向教育专家请教；到中小学，与校长教师和学生交流；访问教育行政，感受异域管理的个性；或者听驻外使节畅谈异国他乡的民情风俗，文化差异；当然，在社区，在商场，在历史文化名胜地，或匆匆路过，或深入考察。有惊异，有喜悦；有认同，有保留；有疑惑，更多释然和豁然开朗。

教师们在文化比较中，加深了对于一个国家和民主，其历史和文化传统影响和决定现实和未来走向的意义和价值的认识，从而增强了对于中华文化的深刻认识，提振了越来越多的民族自信和文化自觉；当然，很多人也从西方法制建设和法治文明的实践中，参悟到未来法治中国推进的深意和迫切，尤其是对于依法办学、现代学校制度建设有了立体感受，有了理解和思路。

教师们在教育比较中，更加体会到教育教学改革，教育的体制机制改革，教育的考核和评价制度，考试制度改革，对于教育的发展、学生的成长，意义何等重大。而教育改革，又有着中国国情和中国历史因素的影响和制约；任何一项改革举措的推出，如果背离国情，一味照搬西方现成的模式和策略，终将越来越远离改革的"初心"，西方很多国家教育改革正反两方面的经验教训，早已证明了这一点，我们近 20 年教育诸多改革的事实也是最好的根据。这是最为难得的教育理性。而没有这样现场的培训和感受，是很难获得如此巨大的思维变化的。

教师们在教育和教学比较中，感受到教育文化的巨大差异。对于课程，对于教材，对于教育，对于教学，对于课堂，对于纪律，对于学生，几乎涉及教育和学校所有领域和环节，所有工作和细节，我们有很多惊疑和颠覆，我们有很多不解甚或不满。正是这样的教育理念、观点和实践上的很多有别和迥异，使得培训、研讨、交流中才多了碰撞，才多了争鸣，而有了这样的体验过程，参与者未来教育理念和践行的改变和完善，一定是可以期盼的。

教师们在学习、交流方式的比较中，越来感觉问题、主体、主动这些元素的重要，越来越发现尊重、理解、宽容这些原则的重要。而这样的感受，也必将逐渐潜移默化，并逐渐成为他们教育教学的实践自觉。

这就是说，海外培训，不仅仅提升了参训者教育管理、教学实践观点和技能技术，而且开阔了教育的国际视野和眼光，开阔了教育的胸襟和气度，开阔了教育格局和境界。这也是现实江苏基础教育学校校长和教师最值得珍贵的特质。

与海外培训同步，江苏教育的国内培训也同样优秀，在国内处于领先地位。我省与北京、上海、广东、浙江等省合作举办的多项校长、教师联合培训项目，如京苏粤名校长高级研修班已成功举办了六届，长三角名校长高研班已经举办了八届，京苏粤浙卓越教师培养工程也已开展了三届，这些项目不仅为我省校长教师所瞩目，也为全国教育同行所关注，甚至还影响到教育部有关校长和教师发展工作的决策。我要说的是，在与省外名师名校长共同学习的班级里，在这样一个为期一年左右的多阶段交流的过程中，江苏校长和教师的表现，应该说十分杰出，出人意料，常常让很多专家和省外培训管理者刮目相看。仅以一例说明，在2014年度京苏粤名校长高研班培训结业时论文答辩环节中，来自全国各地知名的教育专家分组评审，结果仅占三分之一的江苏校长，获得了优秀成绩中的二分之一。正在进行的第三期京苏粤浙卓越教师培养工程，30余名小学骨干的整体实力水平也是占有较大的优势。校长、教师们的教育理念和观点、研究能力和水平、办学思想和实绩，甚至其思维理性和表达，整体上高人一筹。这是江苏教育长期致力校长、教师队伍建设的结果，也是先人一招的海外培训带来的巨大收获。

当然，15年来，海外培训从无到有，从小到大，已经逐渐成长，如今进入青春花季。它还要继续成长和发展，还要不断完善和成熟。如何使这项工作在未来更加精益求精，富于实效，更加特色鲜明，更加富于魅力和吸引力，我以为可能还需要在下列领域做出强化和努力。

每一班次的人员组成应该更为纯粹，这才便于培训的整体计划和设计，便于培训的实施和管理；培训的主题应该更为集中，更为聚焦，要把"问题导向"和"问题解决"作为培训的基本原则固定下来，以确保培训的导向和指向十分精准，以提升培训的效益和质量；要进一步做好前期调研，真正使每一次培训做到所有参训者心中有数，"有备而去"，这才可以实现培训的"有的放矢"。

最为重要的一点是，我们应永远坚守虔诚谦逊的学习态度，像鲁迅先生所言的那样"运用脑髓，放出眼光，自己来拿"，取"他山之石"，以攻自家之玉。但问题是，今天的江苏，今天的中国，今天的中国教育，也应该有自信，有底气，携带自家的教育"产品"，与西方，与发达国家的教育对等交流和交换，这一方面是因为"来而不往，非礼也"，这是一种诚意之表达；另一方面，也是在更高的层次和平台上，实现真正意义上的双向的对话和交流，这是真正的学习，互赢的交流。这就需要未来的培训项目设计要考虑到多种因素，搭建好更为理想的平台，特别是开通互连互通的渠道和路径，使得传统的海外培训转换、升级为更加全面和丰富，更加立体和多元如互联网一般的"云平台"。

中华民族的发展史，实际也是一部波澜壮阔的宏伟的开放史，玄奘西游，鉴真东渡，传统文化中不知融入了多少异域文明的元素，高瞻远瞩，博采众长，几乎是中华文明兴盛发达、久远而不稍衰的秘诀。到近代，有识之士前赴后继，近奔日本，远赴法俄，一代代革命先驱、科学达人，为中华之崛起，背井离乡，卧薪尝胆，成就了后来民族的辉煌。今天，我们还记得当年周恩来同志赴日本留学时的一首明志诗："大江歌罢掉头东，邃密群科济世穷。面壁十年图破壁，难酬蹈海亦英雄。"江苏教育人，正秉承历代民族先驱的"家风""传统"，以宏阔的胸襟和气度，无畏的精神和气概，学习，吸纳，借鉴，内化；交流，互通，传播，弘扬。从单向到互联，从接受到互换，目标是江苏教师的现代化、国际化，江苏教育的卓越和领先，创造中国教育发展的"江苏经验"；并以此促进和推动中国教育的顺利转型，创造国际教育的"中国特色"。

从供给侧着力，让需求方惊喜

—— 江苏省"乡村骨干教师培育站"工作的实践与思考

2015年6月，国务院办公厅发布通知（国办发【2015】43号），全面推进《乡村教师支持计划（2015—2020）》，明确提出"到2020年，努力造就一支素质优良、甘于奉献、扎根乡村的教师队伍，为基本实现教育现代化提供坚强有力的师资保障"；并专门列出八项重要举措予以支撑，其中涉及"培训"以促进发展的就有"全面提高乡村教师思想政治素质和师德水平""全面提升乡村教师能力素质"两项，这可说真正瞄准和抓住了乡村教师内涵提升的要害和关键。如何将这项良策精准实施，落实到位，从培训领域从内涵方面真正让广大乡村教师得到实惠，获得发展？

国务院文件出台后，江苏省人民政府于2015年12月印发《江苏省乡村教师支持计划实施办法（2015—2020）》，与此同时，省教育厅师资处领导便带领省师培中心一班人积极动作，认真谋划，设计，统筹安排，致力将文件中涉及培训的相关要点的落实，纳入江苏省十三五培训规划研制工作中来，将"乡村教师支持计划"的国家战略迅速转变为培训方面的江苏行动。

2016年初，江苏省教育厅下发关于做好2016年中小学教师和校长培训工作的通知，在延续十二五倾斜农村、倾斜苏北、倾斜薄弱学段的培训指导思想的基础上，重点突出"乡村教育""乡村教师"，特别指出：认真开展乡村教师素质提升工程。根据《江苏省乡村教师支持计划实施办法（2010—2015年）》要求，2016年起全面实施乡村教师素质提升计划，计划包括乡村教师"领雁工程"和"助力工程"。"领雁工程"的目标是为乡村学校培养一批领军校长和骨干教师队伍，2016年培育100名乡村领军校长、2000名市县学科带头人和4000名骨干教师后备人选；"助力工程"旨在针对乡村学校校长和薄弱学科教师开展培训，2016年培训1000名乡村校（园）长，1200名非学前教育专业毕业的乡村幼儿园教师，和一批乡村音体美专兼职教师，继续面向乡村教师组织64个"名师送培"团。（见省教育厅省教师【2016】3号文）

特别设立"乡村教师素质提升工程"单元，分为"领雁工程"和"助力工程"两大块。其中"领雁"计划项目有领军校长培育计划、学科带头人培育计划、骨干教师培育计划等；"助力"计划项目有校（园）长轮训、音体美兼职教师培训、幼儿园教师"双基"培训、名师送培到县等。（见省教育厅省教师【2016】3号文"附件"）

此一专项，涉及江苏省乡村骨干教师2.5万人左右，占江苏全省乡村教师总数的十分之一。而其中的"乡村骨干教师培育站"一项，则是重中之重，覆盖全省所有市县的所有乡村，涉及6000乡村骨干教师。项目一改以往院校集中办班的传统培训模式，借鉴各地优秀的"名师工作室"工作的成功经验和做法，根据教师发展的一般规律和乡村教师工作、专业发展的特点，在乡村骨干教师工作所在地附近或者最近区域设立"培育站"，择优聘请具有丰富教学实践经验和一定的教育教学理论素养的名师、学科带头人担任主持人。全省共设立市县两级培育站213个，其中市级80个，县级133个。计划目标是，通过一年的"培育"，促进乡村骨干教师在教学实践能力、师德修养和综合素质诸方面有着显著进步和提升。这样由省级教育行政牵头统管，单单面向全省乡村教师，目标指向乡村教师素质提升，用"培育站"方式进行的规模性培训在省内甚至省外前所未有。

文件下达，作为省级培训的协调、指导机构，江苏省教师培训中心便开始在教育厅师资处的领导下，按照文件精神，拟制相关项目实施的配套文件，部署各项目实施的具体工作，选择相关的试点区域。其中有几项非常重要的工作，一是2016年2月16日，江苏省"乡村骨干教师培育站"主持人培训班开班，来自全省的213名以特级教师为主体的"主持人"参加为期三天的培训，省教育厅师资处领导、省教师培训中心专家、一线名师和院校学者分别从不同的层面和角度，解读部、省"乡村教师支持计划"精神，阐述"乡村骨干教师培育站"工作使命和职责；"现身说法"乡村教师"培育"的策略和艺术。参训主持人还就本项工作开展的可能遇到的疑难问题进行了深入细致的交流研讨。二是2016年4月23日，连云港市教育局举行"乡村骨干教师培育站"启动仪式。省厅师资处领导、师训中心领导和苏北五市教育局相关局长、处长观摩了连云港市教育局精心准备的这一场动员、造势也是启动的活动。连云港全市培育站主持人、导师组成员、参训骨干教师全部出席。启动仪式上，主持人代表的典型方案介绍、学员代表的充满信心的表态、地方教育行政和培训管理机构的保障性"发声"，特别其教育局分管局长成竹在胸的"运筹"和"设计"，让与会其他区域的教育行政官员充分体会到连云港教育局在培育站专项工作开展方面的"整体规划、系统管理、精准实施"工作特点，启发他们结合自己所在区域的实际，寻找到最佳的培育站工作开展的目标、思路、策略和抓手。

接着，南通、宿迁、南京、扬州、徐州、常州、苏州和无锡等市，培育站工作纷纷启动，到2016年5月底，除极个别地区，遍及全省乡村大地的乡村教师素质提升工程终于"上可接天，下能接地"，以前所未有的体量和规模，轰轰烈烈地开展起来。

在常州，一位培育站导师热情洋溢地向我们阐发他对于培育站工作、对于担当主持人工作的认识和看法：很多教师中的优秀者恰恰是从乡村来，是乡村教育、区域教育乃至地方教育行政培养了我们，我们今天为乡村教师的发展做一点努力和奉献，实际就是一种"回馈"和"反哺"。我觉得做这样一件事，功德无量，因而无上光荣。

在盐城的建湖，县级培育站的活动正在紧张进行，我们随机与一位英语老师交流，她告诉我们，两三次活动下来，最大的变化是，她终于敢于在大庭广众之下，比较有胆量有底气的说话交流了。

在连云港，阶段性成果汇报会上，我们从导师和学员的口中，感受到"教学相长"恰恰真正发生在培育站具体工作的每一次细小的行动中。而且，一些在"站"培养的学员在短短的半年不到的时间，已经发生了十分重要的变化，取得的成果是实实在在的，尤其是在课堂教学领域，几乎是质的变化。

从本项工作实施、推进不到半年的情况看，各地培育站工作的开展是按部就班、循序渐进的，主持人和导师组的引领和指导是认真扎实、尽心到位的，参训乡村教师的变化是真真切切、显而易见的。

从计划研制到工程启动，再到各培育站培育工作的开展，可以说是江苏省教师培训领域这许多年来最为宏大的"叙事"。回望来路，我们觉得这一工程的顺利实施和稳步推进，其中有许多道理可说。

第一，深入调研是前提。

教育部、省政府文件出来后，从教育培训领域我们怎样加以落实，究竟通过怎样的形式和路径，找到怎样的切入点和抓手，这是作为在这一问题上的决策者需要重点思考的问题。2015年下半年开始，厅师资处领导带领教师培训中心同志"南征北战",通过多种形式的调研会、座谈会,广泛征求意见,深入了解乡村教育问题特别是教师发展中的问题,也总结各地在教师发展特别是乡村教师培养培训方面成功的举措和经验,在此基础上认真思考、研究、分析,逐渐清晰和形成工作思路和观点。比如将培训的针对性和实效性确定为我们开展"乡村教师支持计划""乡村教师素质提升工程"的基本原则,将参训乡村教师的基本素质——教学素养、师德修养和综合能力的改变和提升作为一年培育的基本目标,将"乡村骨干教师培育站"作为实现这样的理想的首选形式,就是在这样的较为长期、广泛、深度调研的过程中逐渐明晰和确定的。主题,内容,形式;教育行政,校长,乡村教师;希望有怎样的培训?希望省级培训与其他培训有着怎样的不同?乡村教师在具体的工作实践中最缺乏什么?这些关键词和关键问题,很长一个时段,成为我们这些培训的策划和管理者萦绕脑际、挥之不去的问题。一言以蔽之,乡村教师发展的"需求"成为我们培训管理者策划项目、实施培训的出发点和归宿点。

第二,顶层设计是关键。

一旦有了这样的基本思路,接着就牵涉到具体的管理架构和整体安排也就是顶层设计了。就"培育站"的工作开展,我们经反复研究,确立了三大理念。一是以少驭多,以点带面。用宽口径计,全省27万乡村教师,我们突出重点,用一个五年计划,认认真真培训和培养3万名骨干,再以骨干去拉动和带动其他教师的发展,以3万博27万,正所谓"以一当十"。与其面上蜻蜓点水,不如先锦上添花。二是突出专业核心,务求培训实效。本次培训有别于一般的教研、科研机构的"支持""帮助",我们把重点放在"教学素养"、教学实践能力的提升,并兼及其他素养的发展,就是希望通过主持人及其专家团队,给乡村骨干提供正确的教师发展观和价值观,使得乡村教师真正把上好课、站稳课堂,让学生欢迎和满意作为毕生的追求。于是,如何上出最优秀的课,如何提升课堂教学的品质,就成为主持人工作的重中之重。这和一般的重形式,走过场,不在意实效的泛泛而"培",其目标追求和形式选择自然有着实质的区别。三是平台意识,"培育"思想。所谓"乡村骨干教师培育站",其中的"站",就是依托主持人搭建的乡村骨干教师学习、成长的平台,平台的要义在于"平",平等,平起平坐。导师团成员在很多方面自然是"导师",但在人格、尊严等方面,在学业的某些领域,与学员应该是无所谓高下的;因而如平台一般的"站"内最理想的状态就应该是"培育","培育"就更多表现为"培养"和"自我生长发育"。在这里，应该最少见居高临下的专家报告，盛气凌人的指手画脚，一家之言的强硬灌输，对话、研讨、交谈；示范、引领、指导；现场的问题诊断和对症下药，教育的热点的交锋争鸣，才是这种"站"内"培育"的真谛。

就"培育站"的管理而言，我们实施省市县三级管理。教育厅层面在做好顶层设计以后，执行主体为省师培中心；而市县两级培育站具体管理在市县教育局。省师培中心按照师资处的要求，与市县教育行政通力合作，通过多种形式，推进工作，确保实效。设计如主持人"岗前培训"以明确要求，方案评审以发现矫正倾向性失误，问题研讨以促进工作的健康可持续；设计如相关于参训对象的课堂教学比武、论文评比、"教师发展"课题专项等"工具"，为主持人提供背景支持和技术帮助。

第三，专家团队是核心。

培育站工作的开展，关键是培育站本身。全省 213 个培育站，13 个市每一个市都有 20 个左右，除非有着专门的机构专门的人才能管控到位。前此所谓的"三级管理"也都还是宏观和中观层面的。真正的管理还是依靠培育站自身。所以我们把遴选培育站"主持人"作为一项核心工作。主持人是培育站的核心，选择主持人自然应该是管理者建设培育站的核心工作。在主持人的遴选中，我们重视标准。标准中特别强调，坚持一线教学，有着丰富实践经验，富于理性思考和理论素养，德行高尚，乐于奉献，特级教师首选，有些特别优秀的学科带头人也可以入列。全省 213 个培育站主持人都完全符合这一标准，有些区域甚至远远高于这一要求，从此可见，教育行政对于乡村教师发展的态度和投入。

对于专家团队，我们也强调一般以 3 人为小组。尽量考虑选择一线实践专家，也可以兼及高校中的真正关心、了解和热心基层教育并对教育实践有真研究的真学者、真理论家。有了这样的团队，在"培育站"这样的平台上，就有足够的资源、实力、能顺利地不折不扣地完成计划、方案中确立的培养目标和任务。

就每一培育站而言，我们的基本原则是，一年的培养周期，发展主体是乡村骨干，主导是以主持人为核心的专家团，围绕发展重点，我们站内就要能解决 20 余位学员的基本问题，尽管我们也希望主持人有机会将学员带到外地学习，但这种学习应该是紧紧扣着主题的，卓有实效的。务虚空言、高谈阔论，不是本项目题中之意。

第四，领导重视是保障。

培育站工作从策划一开始就是在教育厅分管领导和师资处的直接领导下开

展的。从 2015 年下半年列入工作议程后定下调子，到直接组织和参与各项调研活动，这一类活动，其参与对象从教育行政官员到乡村学校校长，到乡村教师，从高校和教科研专家，到培训研究专家和培训管理者，真正"落细、落小、落实"，所以才有项目的精准、设计的细腻和实施的到位。在项目推进的过程中，教育厅分管领导也一直高度关注，2016 年 7 月 20 日，杨湘宁巡视员、崔春霞处长一行到盐城市教育局就培育站工作进行专项调研，对盐城市此项工作的顺利开展给予促进、激励，也提出比较严格的要求和衷心的期望。

很多市县教育行政部门对此项工作也是全力支持。连云港市教育局在十二五乡村教师培养已经卓有成效的基础上，借此东风，顺势而上，他们不仅很好地落实省厅的文件精神，而且结合自己区域乡村教育的现状和特点，做好自己区域乡村教师发展的顶层设计，五年规划到位，每年培育站实施总数在省定数字上翻番，做到十三五期间，培育站覆盖到所有的区域、所有的学段、所有的学科。

盐城市建湖县教育局在省定 2 个培育站基础上，也因地制宜，自筹资金，按照省定标准，另行组建四个培育站，由县教师发展中心负责具体的管理。培育站工作扎扎实实，导师团成员兢兢业业，参训学员勤勤恳恳，在推进现场会上，我们很多同人深受感动和启发。

上述四个方面，实际是一项具体的卓有实效的培训工作，在策划实施过程中，培训管理者必须致力追求实现的领域和方面。这些领域和方面，这些工作，也就是有关教师培训培育的"供给侧"的工作。当很多的教育培训，从目标到主题，从内容到形式，从工具到手段，从针对到实效，令参训者不满，不断受到质疑和非议，正好像当下之中国经济，已经到了非"转型"不可的境地，培训之"转型"无疑也应该是教育行政和培训管理部门迫在眉睫的要务。培训之"转型"还是应该从"供给侧"改起，从培训项目的策划实施的一方做起，这里的改和做，也就是满足参训学员的真实需求，从项目本身，从内容和形式，本着对症、切用、有效的原则，从培训管理者和培训者的理念和操作，有所改变，有所创新。

我觉得，江苏省"乡村骨干教师培育站"是一次比较成功、已经初现成效的培训"供给侧"改革的样本。

当然，接近半年的时间，也暴露出一些问题。站站之间的差异性，表现出主持人组织、协调、指导能力方面的不足；区域发展的不均衡，反映出某些教育行政在这一问题上的认识和工作的欠缺，有些还跟地方教师发展机构建设的滞后、缺少专门专人的责任担当有关。省师培中心也在不断总结前一阶段工作的基础上，进一步加强"顶层设计"，以专家团队的组建为重点，强化对所有培育站的主持人的"培育引领"，强化相关站点之间的交流合作、资源互通，通过阶段成果展示、专项比赛、中期考核等抓实抓稳下一阶段的工作，确保此一专项在十三五开局之年成功破题，为未来四年乃至十四五工作奠定坚实的基础。

　　总之，唯一的丝毫不会改变的目标是，不懈追求让参训乡村骨干教师乘兴而来，满载而归。

四位一体：县级教师研训机构建设的思路和策略

中国教育问题主要是教师问题，教师发展就是教育发展，这已经是共识。《国家中长期教育改革和发展规划纲要》第十七章提出，要"建设高素质教师队伍"，严格教师资质，提升教师素质，努力造就一支师德高尚、业务精湛、结构合理、充满活力的高素质专业化教师队伍。还提出，完善培养培训体系，做好培养培训规划，优化队伍结构，提高教师专业水平和教学能力。通过研修培训、学术交流、项目资助等方式，培养教育教学骨干、"双师型"教师、学术带头人和校长，造就一批教学名师和学科领军人才。纲要十分具体详细地列出了教师队伍建设的发展目标和策略措施，富有鲜明的指导性和操作性。其后，国务院于 2012 年 9 月发布国发【2012】41 号《国务院关于加强教师队伍建设的意见》文，其中有两点十分关键，一是教师的入口关，鲜明地提出"严格教师资质"，这是从培养的层面从根本上解决教师队伍素质普遍偏低的问题。教育部从 2011 年开始已经启动了教师资格考试的试点工作。二是教师准入之后的培训关。除了现在的教师，即使是提高了入职标准、经过了国家考试进入教师岗位的教师也还有一个终身学习和发展的问题，这一问题的解决除了教师自身自觉的研修以外，外力的推动和帮助依然十分重要，这已经被大量的事实所反复证明，而这一工作必须依靠"完善"的"培训体系"的实现。现在看来，与"培养体系"——主要是各师范院校的相对完整（现行教师培养的师范教育体系和体制也正面临诸多挑战）比，"培训体系"尤其是县级培训机构的建设问题很多，亟待引起从中央到地方教育行政以及相关层级部门的高度重视。

一、背景和现象：教师培训机构存废

以江苏为例。作为教育大省，传统的每县一所的教师进修学校为近70万中小学幼儿园教师的成长和发展包括学历提升做出了艰苦的努力和卓越的贡献。但由于近些年来的种种主客观原因，不少区域的进修学校等培训机构逐渐被边缘化，撤并至党校、电大、职教中心的有之，解散分流的有之，名存实亡、苟延残喘的有之；现在仍然机构完整，仍然发挥着教师培训功能也还有一批，大概占到全省总数的三分之一左右。这后者的三分之一，恰恰都在教育相对发展平稳、教育质量一直居高的区域，这本身依然证明了这一机构存在的必要性。不仅如此，就是在这三分之一左右的进修学校中，还有20所左右的学校顺应教育教学改革发展的要求，根据教育部相关文件和江苏省人民政府【2007】125号文件精神，以"整合优化""增强效益"为原则，在当地政府和教育行政的领导和支持下，大胆突破，稳步推进，走出了一条教师研修、培训体制变革发展之路。

与传统的进修学校体系并行、为基础教育教学提供支持的还有另外三支队伍，分别是教研室、教科所、电教馆。一般认为，这不是一般的教师研修机构，是层次较高的教科研部门。教研室主要是围绕教学——主要是学科教学的研究、指导和服务机构，县级教研室实际的功能主要是教材教学的指导和"管理"机构，担负的是区域教学质量的保障职能，很多区域还带有部分的行政职能；县级教科所（室）是适应教育科研兴校的大局和教育发展策略后起的一个机构，它超越教研室的功能的具体务实的一面，主要是引导和指导教师从事课题研究，从中观层面来解决教育教学中遭遇的问题；电教馆是教育现代化发展的必然产物，主要是引领和指导教师学习掌握现代教育技术手段，改善和提升教育教学行为和策略，提高教育教学效率和质量。与进修学校的单刀直入、直接作用于教师自身的成长发展的目标追求不同，上述所言的三驾马车，表面上是服务于教育教学的实际需要，似乎解决的都是教育教学中的问题，但由表及里，稍一分析，你就会发现，教研、教科、电教等三方面的工作的落实，都是先得作用于任何一位老师，教师自身的把握、提升，是基本的前提。教师自身的教材分析能力、教学业务能力的优异，教师自身的教育教学的理解和思考的精准和科学，教师现代教育理念和教育技术手段的高超，不恰恰是教师专业素质发展成熟的标志吗？从这一意义而言，本质上看来，教研室、教科所、电教馆与进修学校的功能之间具有天然的一体性、一致性，说是貌离神合，说是四匹马拉着一架车，实际是一点也不过分的。

《江苏省人民政府关于进一步加强师资队伍建设的意见》（苏政发【2007】125 号），倡导整合进修、教研、教科和电大等资源，通过"三合一"或者"四合一"的方式，建构县级教师研修和教育资源中心。在后来省教育厅的相关会议、文件和领导讲话中，也多有这方面的要求。

这一"提倡"，既是教育部多年前相关文件精神的延续，也是我省部分县级教师研修机构建设发展的经验总结。2007 年以前的很多年，南京市教育局辖下的许多县区就较多地采取了"三合一"的模式运作，而且显现出相当优异的成果。实际上，从总体的工作而言，近许多年来，南京诸多区县教师研修、培训工作运行平稳、规范、卓有成效，这样一种体制和机构，几乎发挥了决定性的作用。

2007 年以来，由于多方因素的合力作用，"三合一"模式的县级教师研训中心建设工作，在各大市都有动作，据笔者所在的省教师培训中心的不完全统计，迄今为止，大约有 20 余县区基本实现了"三合一"的教师研训体制，而且开始了相对比较规范有效的运作，取得了比较明显的成效。但也正因为是"提倡"，6 年来，在江苏全省 100 余个县市区中，在这一"体制"上有大幅度推进、实质性动作的还不是很多。这当然有许多因素制约着。

二、四位一体的整合模式，其价值和意义，不言而自明

四位一体，将进修学校、教研室、教科所和电教馆的四方面功能整合为一体，共同为教师发展服务，为教育教学服务，作为教育领域一项机制变革，无论是从理论上还是实践层面看，其价值和意义都将是不可估量的。

第一，由于四家功能、资源的整合优化，这就使研修中心在原来各家功能的基础上，演化出新的价值：有利于将中心扩展为教师发展的资源中心和学习中心。

第二，大部制改革，行政成本大幅度降低。

将原本四家完整的机构整合而为一家，在人员不做任何调整的前提下，其产生的行政成本的减少仍然是相对可观的。首先是管理的成本降低，一方面表现为管理者、领导者的职数的调整；另一方面则表现为上级主管协调的成本大为减少。原来是直属教育行政的四个部门，一般由两到三个副局长分管，遇有需要协作完成的工作，常常需要一把手局长协调几位局长，再有分管局长协调四个部门的头头，直至具体负责落实此项工作的人员，其程序之复杂、头绪之繁多，令人不胜其烦。其次是工作人员数量的减少。是运行成本的减少。多家单位独立运作，设施设备，从硬件到软件，从办公到出行，一应俱全，麻雀虽小，五脏俱全，这是不言而自明的。以后勤部门为例，四家单位便有同样职能和职位的四个部门，四拨人马，整合之后，便只需一套。再次是工作成本的减少。因为四家机构同样是为教师和教师的教育教学提供支持和服务，自然难免有交叉和重复的劳动，整合之后，这样的重复几乎可以全然避免。这也就是从国务院开始的大部制改革正在稳步向基层政府逐渐推进的好原因。

第三，工作效能的大幅度提升。

科学高效的教学实施，总是基于教学主体的学科素养、教学素养和综合素质的提升，教师的专业发展可以说是一切优秀的教学实施的基础。一句话，没有教师发展也就没有学生的健康优秀的发展。而教师发展是一项系统工程，需要整体规划和整体设计，需要综合考量和综合治理。就传统的进修学校而言，它主要的职能就是全面提高教师教育教学的专业水平和包含人文素养在内的综合素质。所以，即便是在进修学校设立的起始阶段，即便是在进修学校师资十分齐备的时候，无论是教学研究、教育科研还是电教方面的专家们，也无论是高校中的学者还是一线的优秀的教学实践者，都是教师进修、培训讲坛上的常客。似乎进修学校就是搭建了一个大大的平台，给一线的老师一个与各路专家学者沟通交流的机缘。将原先各自为阵的团队整合进一支力量，强强联合，统一调配，其工作效能的提升是显而易见的。而且，一旦整合，将原先各自的功能梳理分类，剔除交叉重叠，使研训一体，教研、科研合流，九九归一，其工作开展的简洁、顺畅和快捷便是顺理成章的了。

这是就教科研培工作本身而言的，而从工作和服务的对象——学校和教师而言呢，带来的方便和效能更为明显了。常言说，上者千条线，下者一根针。承担着教师发展、教学指导等功能的四家单位对于学校来说，都是十分重要，一个也不能不重视。尽管其职能有交叉和重复，但是各家不论发下什么文件和通知，举办什么活动和评比，学校一方都得全力以赴来应对。可以想象，这原本互不通气的四家一个学期只要分别有三四次与学校工作有关的安排，那学校就基本上不亦乐乎、不可开交了。不仅校方苦不堪言，当然也不敢有所得罪，因为好多事还要他们支持和帮助，而且老师也被搞得晕头转向，刚刚是教研室的课题评奖，接着又赶上教科所的课题申报，电教馆还有评优课，培训机构又要有教学比武，谁跟谁，基本搞不清楚。老师非常有限的时间就在这样冠之以"专业发展"的名头下被安排、被培训、被发展掉了。整合为"一家"后，教师的如此这般的"折腾"之苦也就立马消解大半。顶层设计和规划，统一调配和管理，上面一条线，下面一根针，那就显示出"大部制"给基层带来的实惠和利益了。

第四，教师、学校的充分发展带来区域教育教学质量的稳步提升。

"整体大于部分之和"自然会产生巨大的能量。机构的精干、功能的集聚，以"支持、支撑"和"帮助和服务"名义而给学校和教师带来的繁复和干扰，便终于获得回归和复位。南京的高淳县，是在南京各县区整合的大背景下"四合一"融汇最为彻底的区域，传统的教研员、教科员的概念一律被"研训员"的新名称所取代，多项功能和职责集于一身，迫使每一个研训员必须成为真正的教育教学研究、教学和指导的行家，他们的提升可以说突飞猛进。正因为这样一种整合之后的素质提升和集聚效应、放大的能量，这许多年来，该区域整个基础教育阶段的教育教学秩序井然，质量直线上升，连续多年名列全市最前列。

南通如东教育质量一向占据高位，面临四架马车体制相隔、时有龃龉的缺陷和不足，他们采取行政统领的整合措施和方式，使得原有的四家单位貌离而神合，确保了该区域教学质量一直稳定发展。

镇江润州区，原是该市教育基础最为落后的区域，三年前，新班子乘老城区改造之机，重点抓布局调整，与之同时，狠抓培训机构的建设，四合一一步到位，进而依赖新机构，创设新机制，在区域均衡和教学质量的整体推进方面堪称市内外的一匹黑马。

不同教育基础，不同区域，都从这样的整合中获得了发展的新机和生机。这其中是可以有许多的值得总结和讨论的地方的。

三、推进不力，关键是认识和利益

中国教育的问题，与中国社会的其他问题一样，一旦涉及体制就会变得异常复杂。关于教育教学管理和研究体制、教师发展四合一模式的变革，江苏省在多年前就已提出，教育部也曾经屡屡发文倡导，但推进总是困难重重，以本省为例，江苏全省110余个县市区，从2007年省政府文件首先倡导县区教师研训机构"三合一"或者"四合一"体制以来，已经整合或者稍具其形的不过20家左右，还不到总数的五分之一，可见此项工作推进的艰难。

据笔者的调研，制约因素较多，集中而言，主要有如下几个方面。

第一，对教师队伍建设问题的认识。

在传统和习惯思维看来，教师掌握了某门学科的基本知识，具备了各学科教学的基本能力，加之一定的素养，能胜任学科教学的工作，就注定是一个一辈子都能教好书的好教师。所以韩愈的《师说》似乎就没有对教师的后来的发展提出什么明确的说法和要求，所以不少教育行政部门和学校主要领导总是十分注重教师的学历层次提升，而不太关注教师在职的学习和进步；还有人认为，教师的发展、专家的培养从来都不是外力作用的结果，而是发展主体个人的修为和造化，所以在很多区域，由于行政的这样的认识和执行，当大规模的教师学历提升工程基本完成之后，进修学校系统被理解已经可以终结其使命，所以整个的"被"中止建设和发展，甚或有些"被"变相消失或者直接消失。尽管最近10余年来，高中的普及带来整个教师队伍的"扩容"，为适应这样的发展，教师学历通过非常规和正规的渠道形成了前无古人的"大跃进"，而实际教师队伍的教学能力现状绝对每况愈下，令人担忧，本科生教不好小学，硕士不会上课的现象绝不是新闻。不仅如此，随着新知识、新教材、新理念和新技术等的不断涌现，教师的知识更新、技术进步可以说越来越重要，但就因为上述的因素的作祟，教师发展从体制、机制建设到具体的操作执行在不少区域长期被忽视，这也是这些区域教育教学质量下降的主要原因。

教育教学密切相关的四个部门的作用和价值的认识。四家单位在历史上不同时期各自都发挥过十分重要的作用，各自都有独立存在的意义。这四家职能有别的单位能够合而为一吗？其中，最为关键的是教研室与进修学校的功能和价值的认识问题。一般认为，教研室重点是围绕教师的教学工作，给予教师教学业务的指导，包括教学计划安排、教材分析梳理、教学目标定位、教学方法的提供，教研员的这些工作务实、及时、到位，对一般教师而言，教研员是他们工作的依赖，所以常常被称为"教头"。传统的进修学校和培训中心一向是从基础知识的方面、基本理论和理念的方面以及发展策略的方面等中观以上层面实施教学，受训者一般眼前似乎难以见到实惠。这样一来，教师觉得教研室施用的是"化肥"，进修学校施用的是"农家肥"。而对于教师、学校管理者和教育行政管理者而言，急功近利，立竿见影，大家当然会觉得前者优而后者劣，甚至还认为过多地抓了培训"远水不解近火"，必然会耽搁和影响了教学和质量。

但实际上，近许多年来，教师培训的理念和内容、模式和策略已经发生了渐变。传统中常见的讲座和报告，系统知识炒冷饭式的单项灌输，逐渐被摒弃；进修、培训早已经将教研、教科的工作内容和方法移植引用，尤其是将关注教师教学理念更新、教学策略和方法变化、课堂模式创新、教学效率提升作为主要的培训内容，而随着课改的推进，教科研部门在上位的理念、理论指导方面，教师专业成长和发展方面也有所着力。就是说，教研部门的工作、培训机构的工作已经逐渐趋同甚至一致。工作目标、指导内容和方法基本重合的两家和多家单位整合，这对工作本身没有任何影响。

第二，利益关系问题：四家单位各有其优劣。

原先独立的部门要合并，必然牵涉到利益问题。这与大家庭之分家的道理几乎是一样的，所以国家层面的大部制改革会遭遇抵制。

首先，各家机构内部，利益不可能均等，好的有想法，以为这是"杀富济贫"，是"均贫富"；待遇一般的也有想法，不知这一去优劣祸福究竟如何，还不如现在这样维持的好。单位人员数量少，结构简化的也有想法，麻雀虽小，五脏俱全，小有小的好处，大有大的难处。比如说教研员原先是各管一个学科，互相间一般情况下是井水不犯河水，所以每一个教研员所辖之领域相当于一个封闭结构的独立王国。而一旦合并，这种结构状态势必遭到冲击，一是别人有可能介入这样的领域，而是自己可能还得去兼做其他的工作比如科研的管理、培训的事务等。

其次是领导层的利益会受到大影响。单位不管大小，都是法人代表。好歹在这片土地上，我是当家的，说了能算；合并之后，我能去哪里，能干什么，有多少实权，都是未知数。合并之后，摊子大了，人员多了，法人只有一个，即使在新单位里仍然挂个职位，那与当初的说了算的身份差距何其大也！

再次，行政主管领导的利益会受到较大的影响。四家教育局直属的事业单位，等于是局长人事安排主要是官员安排和调剂的"蓄水池"。以一个单位3—5位领导者职数来计算，那是多大的腾挪空间。原先那些行政上在机关提拔一时还比较困难的资深公务员，那些在农村偏远地区干了多年、即将退居二线想进城"养老"的老校长，还有方方面面的特殊情况，轻轻松松就给安排了，一旦合并，哪还有那么方便和自由？而且如此一来，各位副局长的分工也成了问题，四家单位，可以至少安排二位以上副局长的分工，一家单位，你总不能安排两个局长分管吧。

最后，教育行政各职能处室的利益也有影响。传统意义上说，四家教科研培机构的职能都是围绕教师队伍建设而各自独立地开展工作的。但随着行政机构改革一定程度的推进，机关人员编制应该说有所控制，但其行政管理的职能并未减少。因此，逐渐地，与这些行政职能处室对应的事业单位便演变为其重点工作、常规工作时候的"别动队"了。一般而言，教研室和教科所对应服务于教育局的基础教育科，电教馆或对基础教育科，或对应电教科，进修学校则对应服务于人事科或者师资科。而且互相对应的行政和事业单位在一般的区域，行政分管都是同一位副局长，所以指挥协调非常便利，有时候常常被下面混同于或者就视之为一家人。四合一之后，由一位副局长分管，处室对它的制约、调动当然就没有先前那般便捷自在了。

第三，管理体制的障碍（人事制度的障碍）——编制问题。

机构改革之后，对事业单位的管理越来越规范，越来越严格，在现有的基础上再增加新的机构、新的单位和部门已经根本不可能。从自身利益最大化的角度来看，所有的行政或者事业机构都会力求自保，比如四家法人单位的资格和编制的争取保存而不被裁减和合并。

按照我国行政管理的一般规则，条块分割，对口负责。从人员关系上看，当然是地方行政说了算，行政长官、人事局、编制办等决定本部门的人员去留安排；而从工作和业务关系上看，几乎每一个县区的行政或者事业单位都可以找到从地市乃至直到中央的直接对口的部门。以电教馆为例，从县级电教部门出发，可以一直追溯到中央电教馆。于是从中央到地方，层级管理就是一个巨大的行政网络，对口负责、执行和落实，就是在上者强调最多的话题也是行政最重要的原则。基于此，基层在合并问题上就不能不有这样的忧虑：中央、省、市相关的机构未有合并和调整，最为基层的被调整合并掉了，有些部门撤销了，有些名称改变了，这上传下达、上行下效又如何畅通和实现呢？比如省教研室通知县里的工作，这通知究竟发到哪个单位。显然，这一定会影响常规工作的开展。所以有很多区域很多研究专家提出，没有从上至下的联动，仅靠县区的单向的"合并"，推开难，工作的开展更难。这在一些区域大部制改革的过程中屡见不鲜。

把四家单位合并为一家单位，也还有编制办的审批障碍。如果是将另外三家并入某一家，这一家的名称不改，可能还关系不大。假如四家合并为一家新的单位，用新的名称，对照中央的有关文件精神，似乎又有政策性的障碍。如果教育行政又想乘着这一改革的"东风"，搭一个"便车"，提升一下新组建部门的行政级别，比如由原先的"股级"提升至"副科"甚或"正科"级，这就又是一件比较复杂的事了。

与之相关的问题还有，四家单位一旦合并，编制部门必然要对新部门的职能和职数进行"定岗核编"。在一般区域，这四家单位超编的情况都忽多忽少地存在，但因为各家单位本身人数总量不大，分散而观之，也就不很显眼，但合为一体后，再加上整合起来做事，必然更多省出人力，原先三人做的事儿可能现在1人就可以去完成。于是，人满为患的问题便会十分突出地显现出来了。那这些本该分流的人员又往哪里去呢？再考虑到这些正式在编在岗的人员长期习惯于现有的工作形式、内容、方法，很多人离开一线工作已久，他们又能到哪里去呢？这是摆在教育行政官员面前最为现实也是最为挠头的问题。

四、智慧推进的策略和方法

我觉得教科研培机构的整合工作是教育行政的一项前无古人却又功德无量的重大决策，也是一项伟业。于教育事业的发展、于学校的发展特别是教育家办学的国策真是有百利而无一害。但是，这一项工作的困难和问题十分严重，其间的艰辛和痛苦要充分估量。因为这牵涉到人事，触及体制，与行政机构改革、事业单位体制改革同样复杂。决策和执行者必须慎之又慎。我以为，随着教育部相关文件的颁发，各地各级教育行政部门可能应该从如下几个方面入手，既有胆识又有智慧地推进这项工作的循序渐进地开展。

第一，省、市、县教育行政和县级地方政府的认识要统一到位。

在现今这样一种行政架构和管理体制下，仅仅靠文件推动相关重大的改革已经很少可能。相关涉及单位、部门的利益博弈早已从一般的经济领域延伸渗透到了行政事业单位。可以设想，四家单位及其往上延伸的多个部门——既有事业类的，也有行政类的；既有权力部门，也有重大经济利益相关方。而县级政府更是涉及不少体制变革、众多人事安排问题。我以为，这就需要教育部和省教育厅高度重视此一问题，最近教育部已经下发相关文件，行动方案和推进措施都有比较具体明确的部署，这诚然是一件好事，文章已经开头和破题。省教育厅则需要在自身意见一致的基础上，与各地市县教育行政乃至县级政府广泛沟通交流，通过会议、文件、座谈、研讨等多种形式，最大限度地就此问题达成共识；借助省级督导部门的力量，赢得省人事部门的认可和支持，从编制、机制和策略诸方面聚合各方力量和资源；而县教育局则应在县政府的领导下，主动积极做好相关合并部门的动员、引导和梳理工作，及时发现问题，努力化解矛盾，给各单位领导和员工解决困难，解决可能的后顾之忧。实际上，现在看来，最大的问题是人的问题，最大的矛盾是人事的矛盾；最关键的矛盾和问题又主要在领导。当然在这一过程中，各级教育行政部门要充分发扬民主，充分尊重广大教科研人员的意见，集思广益，博采众长，努力减少整合过程中的销蚀、内耗、离散；还要充分发挥媒体的宣传造势功能，因为这一问题表面上看涉及的是四家事业单位，但它们实际上跟区域内几乎所有的学校都息息相关，所以必须让所有的校长老师都能理解和支持这样的重大改革举措。

第二，借助各方资源和力量的顶层设计先行。

对中国当下的改革，很多学者均呼吁应该跳出"摸着石头过河"的传统模式，强调"顶层设计"的地位，立足长远，定好框架，明确思路和策略，拿出行动方案和实行措施。这对于教育四家事业单位的合并尤为重要。现在从教育部的文件看，有些内容已经十分明确，比如合并、合并之后的单位名称和性质定位等。我觉得省教育厅则应在此基础上，制定符合本省教育发展现状和特点的研训中心建设标准，全省各县区研训中心建设推进计划和策略，序时进度安排等，有条件的省份，甚至还应拿出研训中心建设的内部整合和管理的模式、策略等。特别是后者，恰恰是各地推进此项工作的最难点，四家单位，长期形成的思维定式和工作套路，合并不难，在一个院子办公就是了，这当然不是整合，如何整合、整合之后又如何有效开展工作，如若省厅有一个指导性的意见，那就是可以减省许多中间环节和摸索的繁杂。

另外，为保证这一工作的顺利开展，省市教育决策部门要寻求机制上的突破，努力将其纳入教育行政管理体制、事业单位体制改革的总盘子来考量，省政府督导部门要将其列为对市县政府督政的重要内容和指标；另外在教育评估、教育现代化评估时，将这一内容纳入其评价系统。同时，有条件的地方，国家省市相关机构也应该择时、适时进行整合工作，比如全国如江苏等省的教科研、培训机构已经合并多年，江苏全省已经有多个大市实施了合并或者是部分的合并；现在看来，运作效果良好。国家层面的电教馆、教科院；省级层面的四家单位是不是都可以考虑整合呢？除了应有上行下效的示范作用之外，也恰恰为基层合并后的工作开展提供许多便捷。

第三，激励机制，对于勇于探索的先行者并卓有成效的典型给予必要的奖励和荣誉。

　　如前所言，如此伤筋动骨的"四合一"的整合，触及多方利益，需要各方做出大牺牲，在起始阶段，我以为，还需要在上者费大力气，花大本钱，需要扶持和资助。现阶段，县级财政普遍不很宽松，"省管县"的体制改革启动之后，地市与县的关系逐渐疏远，中央和省级财政应该通过多种方式辟出专项经费以支持这项工作的推进。比如通过合格建设验收的方式给予补贴和奖励，或者为之配套建设某些专门设施设备等。根据目前各地的基础设施情况，对整合过程中设施的标准和要求达标需要的经费预估，我以为，在该项改革举措实施的前3年，凡是启动这项建设并且整合到位的，经检查验收合格的，中央和省级财政予以补贴不少于100万元。3年后建设的，补贴酌减；再往后递减直至取消。当然这里也有根据各省市经济情况、各县区财政水平来决定补贴的层次和等级。当然，在上者的这些补贴相对于"整合"的全部建设费用而言，依然是杯水车薪，大头肯定得地方政府投入。但在很多区域，原先的进修、教科研和电教等部门本来投资较充裕，设施设备配备较为到位，这就需要有机地整合资源，包括用地、办公用房等。多方面减省建设经费，多方面筹措资金，教师研修中心建设还是可以加快速度，保证质量的。至于如上所言的补贴和奖励，不过是其中的一个来源，无非是要发挥"四两千斤"的作用。

　　为响应和落实教育部文件精神，江苏省教育厅在安排十二五教师培训的专项经费时，从2012年开始已经开始考虑到这一问题，每年预留部分经费用以推动"四合一"的中心建设，此信息一经发出，在各市、各县区已经引起较大反响。南京市教育局动作更快更大，对于在最近三年启动这方面工作并且到位的，每家奖励数百万元用于设施设备的投入。

　　第四，放手百花齐放，渐进的思路和推进模式的多样化。

　　江苏省人民政府于2007年就发布文件，（125号文，省教育厅文件）倡导县区教师研修中心建设的"三合一"和"四合一"体制。因为是倡导，各地根据现实、现状和需求，保持原状中有之，启动合并者有之，整合到位者也有之。其中有一些推进策略和措施值得我们认真研究。

　　江苏省省会城市南京的绝大部分县区的多数很早就采取了一种"合并"模式，教研、教科、电教一律合并到进修学校，有的名称会有所改变，有的干脆就叫进修学校。但是他们的内被管理体制没有什么实质性的变化，依然按照传统和各单位工作的惯性在运作。人员到一地，资源可共享，有些工作开展时，人员也可以打通使用，但是没有整合为一体，"三位一体"，或者四合一，还是形多实少。尽管如此，资源的节省和效率的提升还是很明显的。

有些区域考虑到机构伤筋动骨的"整合"的体制性障碍，同时又苦于这四家单位人力资源打通使用时行政管理的阻隔，干脆就让这四家单位的分管局长由多人归为1人。这样无论是教学业务方面的指导、教师发展的专项培训，还是包括如课改推进这样规模宏大的"运动"，均扎口管理，确保了工作效率。

还有一类比较特殊的做法。本省南通如东县一向是教学质量十分优秀的区域。该县的课程改革和校本研修制度建设成效尤为显著。这些工作的开展与他们在教师研训中心建设方面的改革是分不开的。为了打破原四家单位各自独立、分管领导多头带来的协调作战能力弱的僵局，县教育局决策成立一个内设机构——教师培训科，培训科设一位科长，一位科员。该科室上直接面向原先的各位分管局长，下直接领导和管理四家单位。培训科实际起到了协调、管理的作用，在人力资源的整合使用方面，这应该不失"四合一"推进过程中一个特殊的过渡性的举措。它不需要四家单位的合并，也没有人事关系的改变，暂时通过行政管理的力量，克服了管人和用人的矛盾。

上述几种情况也只是笔者调研所发现的几个典型。这是四合一体制建立过程中涌现出来的在一定阶段行之有效的案例。我觉得，这么一件涉及教师队伍发展的体制性变革，要想仅仅通过教育行政的手段一锹成并一步到位几乎是不可想象的。所以下列两点非常重要。

一是要允许试，允许各地大胆地实践探索。各地有各地的情况，各家单位既然已经存在、运作这么许多年，而且也发挥各自不同时期的不同的价值和作用，就必然有其特点、道理和原因。上述思路中有的是沿着教师发展的思路设计执行的，有的是按照教学业务指导的思路来设计的，各有其道理，但是若是沿着教科研的思路，整合其他各方力量是不是也是思路呢？我以为都是可以认真思考，发挥各家单位的主体作用，打开思路，群策群力，那一定会别开生面的。

二是要给予一定的时间，逐渐地推进。正好像中国很多政治、经济、文化领域的变革和改良一样，四合一体制的达成需要背景，需要条件，需要环境，需要时间，需要逐步推进的过程，这其中尤其也需要智慧。我们既看到少量成功者先行者的勇敢和成果，我们也应正视现实的困难和很多亟待梳理和解决的问题。编制、职位、职级、职权等在现实的今天几乎是敏感词。蛋糕成型和分配机制固化后的哪怕任何一点儿调整都会带来很多震荡和阵痛，所以"利益集团"一词才会成为今天改革热议中的一个关键词。现行的这样一种四架马车的体制在中国教育中已经生存了数十年，在不同的时段不同的教育改革周期里，曾经做出了十分重要的贡献。比如第八次课程改革，且不论现在的实效如何，单是推进初始的动员和培训指导之功，就是业内有目共睹、众所公认的。所以，对这一影响至为深远的体制加以改革必须要循序渐进，按部就班，在广泛的动员之后，需要大量的思想工作的跟进。假以时日，假以过程，才可确保此一工作在平稳、健康的轨道上逐步到位。

第五，典型引路，现场观摩。

在放手试点的基础上，深入调研，及时发现典型，认真总结经验，通过如现场会等多种形式和方式加以推广。上述所列的数种推进的模式还只是过程性的措施或者说过渡性的方案，研训中心的建设最终可能应该走向的是四家单位"人员整合，一体使用"的模式。

比如南京的高淳县，是整合最为彻底到位的一家。该县以实力相对较强的进修学校为基础，合并教研、教科、电教资源，通过竞争上岗，定编定岗等程序和方法，将传统意义上的教研员、教科员、电教管理员和培训教师整合为"研训员"和一般工作人员，一人身兼数职，能者上，能者多劳。几年运作下来，绩效卓著，该县教师业务能力提升、素质发展迅速，教育教学质量位列南京市前茅，与这一体制变革关系极大。

镇江的润州区，原先是该市教育的"低谷"，不仅办学条件差，而且学校管理能力很弱，优秀教师少有成长，稍具条件者，也养不住。近三年来，借助城区建设的步伐加快，学校布局调整逐步到位，新任教育局班子成员对教科研培的体制做了大刀阔斧的改革，按照"四合一"的模式一步到位，研训中心以全新的姿态投入教育教学改革、教学指导和教师发展工作，教师面貌、学校面貌、教育面貌可以说日新月异，其独创的"教学案"模式和制度，一下子培养出一批市、省级学科带头人，小学、初中教学质量连续名列全市第一。

江苏省还有如苏州的太仓市、镇江的丹阳市等比较成功的典型。全国各地都应该有一批这样的典型。

在"四合一"模式推进的过程中，省级教育行政部门要善于学习兄弟省市成功的典型，更要努力发现本省本地实践的样本。在组织相关专家论证研讨的基础上，重点宣传，这其中，现场报告、观摩是一种最为立体、有效的方式。

观摩典型"中心"的实态和成效，听取该中心成功的经验和建设过程，了解和把握其工作推进的方式和方法，进而结合本地的实际，取长补短，拿出"我"

解决问题的策略和办法。

　　笔者手里能够看到的是教育部和江苏省关于推进"四合一"体制建设的文件，文件中的表述都比较"谦和"，没有表现出居高临下、颐指气使的高压态势和强行"指令"，用的是倡导、逐渐实行的商量语态，这一方面表明教育行政工作方式和方法的改变和调整，另一方面也是表明在上者还是十分了解下情，了解这一工作开展和推进的实际困难。这是一种非常客观、唯实的作风和姿态。不仅如此，省级教育行政部门的行动也已启动，以江苏省教育厅为例，师资处领导在大量的调研、考察、座谈、研讨之后，从省级层面认识的统一、建设标准的研制、实施方案的制定工作已经或者即将完成。这更体现了一种进取和务实精神和品质。

　　2012年，江苏首批6家通过省级示范校验收，其中3家被教育部验收合格，升格为国家级示范学校；2013年，第二批10余家又获得通过。截至目前，全省已经通过验收的已经达到近70家。按照各地的推进进程，到明年也即2020年，全省所有县（市）区都将通过验收。

　　这将是江苏教育史上里程碑式的重大事件，它对于江苏未来的教师队伍建设产生的影响极为巨大而深远。